人物叢書

新装版

木内石亭

きのうちせきてい

斎藤　忠

日本歴史学会編集

吉川弘文館

木内石亭肖像（『木内石亭全集』による）

木内石亭八十三歳の筆蹟　（西遊寺蔵）（本文 119・120ページ参照）

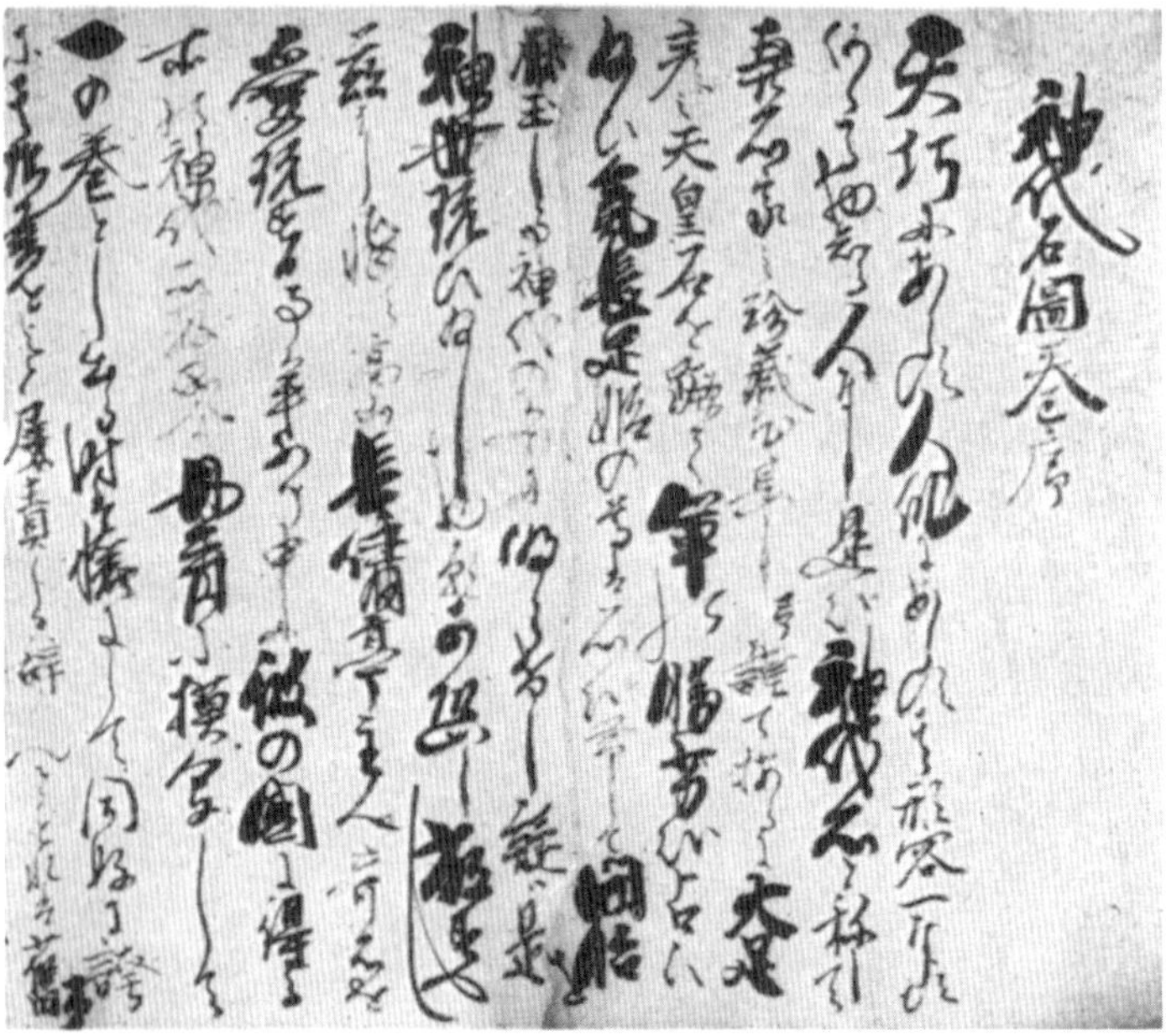

序　　文（二木長右衛門氏蔵）

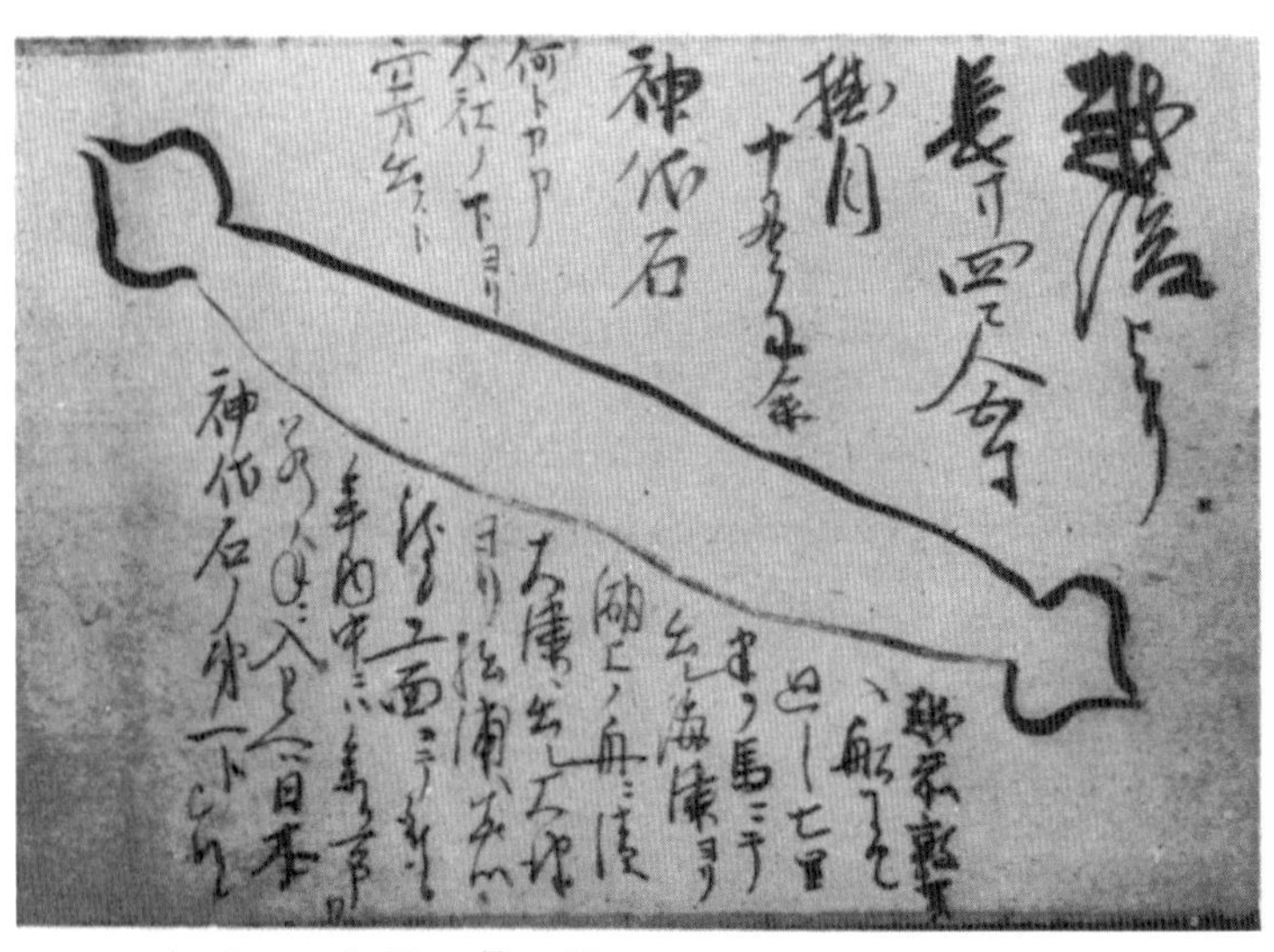

木内石亭筆「石棒図」（二木氏蔵の書状より）

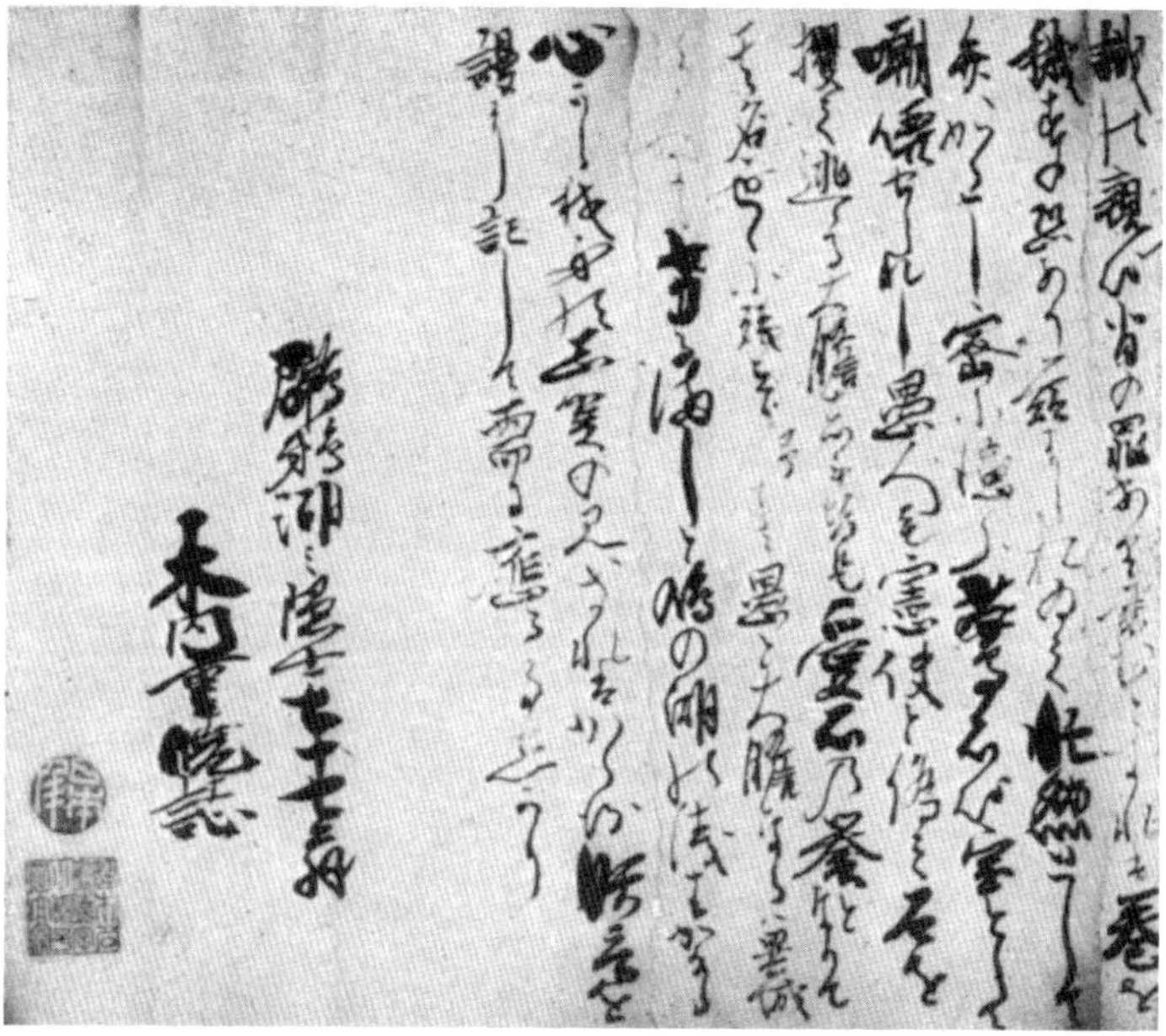

木内石亭筆　『神代石図巻』

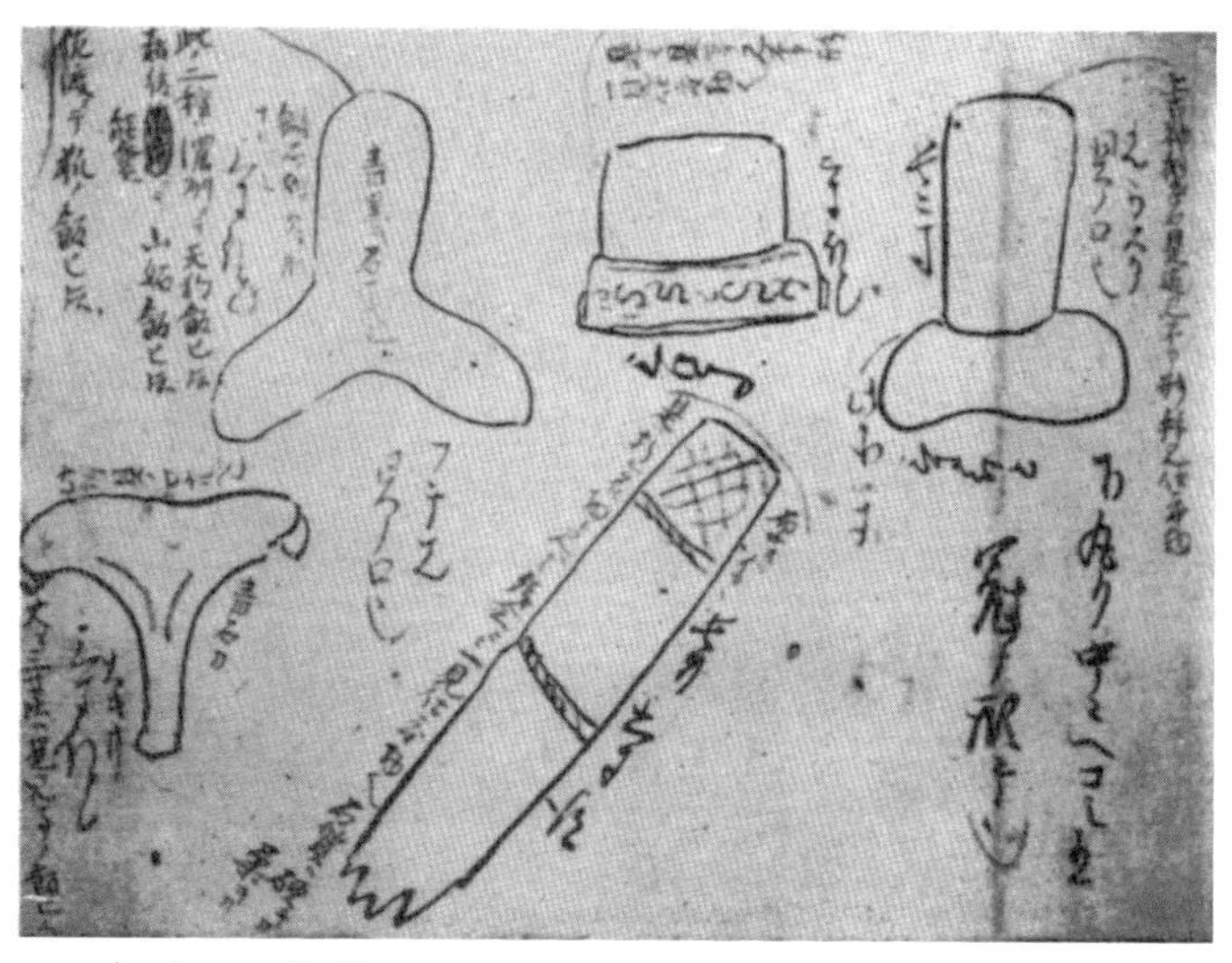

木内石亭筆　石冠等の図（二木氏蔵の書状より）

木内石亭旧宅付近　（右の松の木のあたりがその一部）

木内石亭墓所——本像寺——（左に墓碑が見える）

はしがき

寛政九年（一七九七）に刊行された『東海道名所図会』は、他の名所図会と同じく、東海道地域の名高い山川や神社仏閣や旧跡などを紹介しているが、これを通覧するとき、その巻二に、石山寺や琵琶湖や建部神社等とあわせて、異彩ある一つの記事のあることに気付くであろう。すなわち、「石亭」と題する項目であって、山田の渡口の村中に居る木内小繁という村翁についてくわしく紹介しているのである。

> 此人、生得若年より和漢の名石を好んで、年歳諸国より聚めこれを翫ぶ事数十年に逮べり。

と説き、

> 海内其名高く、四方好事の輩、貴となく賤となくここに駕を枉て、数の石を見

る事多し。予も巡行の序に立寄て石を観る人の員に入ぬ。

と述べ、

山田石亭翁は古今の名石家にして、奇石怪石数品を蔵て都て二千余種あり。

といっている。

名所図会の内容からいえば、ある個人のことを紹介しているのは珍しいところであるが、木内石亭と彼の居住する邸宅とは、当時一つの名所的な性格をもっていたものとも見られよう。いわば当時、木内石亭は「時の人」でもあったのである。『東海道名所図会』に記されているような、「古今の名石家」の一言は、けだし「時の人」であった石亭を評してあますところがない。

では、この石亭は果たしてどんな人生をたどったのであろうか。そしてどんな業績を残したのであろうか。

石亭を知ることは、日本の考古学史を明らかにする上にも重要なことである。しかも、おのれの趣味を徹底させ、ただ一すじにおのれの道を邁進した石亭の人間像を知ることは、人物史の上においても意義あるものであろう。

吉川弘文館の発行する日本歴史学会編集の「人物叢書」の中に、木内石亭がとりあげられ、はからずも私が執筆するように慫慂(しょうよう)をうけた。将来、考古学研究の一テーマとして、日本考古学史をまとめようと思っていた私にとっては、一つの勉強の機会でもあるので、お引き受けした。その後、新たに各種の史料を採訪するとともに、石亭の生地の辺りを歩き、居住の場所を訪れ、墓所に詣(いた)り、また今日に伝わる石亭の書状等を見るために、飛騨(岐阜県)の高山市やその他の地へもいく度か行った。そして、どうやらこの小著をまとめることができた。

私は私なりに、石亭という人物を記述するのに、次のような体裁をとることにした。すなわち、まず彼の人物の素描を、第一「石亭の一生」の中で、年齢の進みゆく経過の中でとりあつかい、彼の人生における業績は、第二の「石亭の業績」の中でまとめてみたのである。でき上ってみると、不十分な点もあり、もっと書きたいもののあることも気付いたが、何分枚数も限りあることとてこれにとどめた。大方のご寛恕(かんじょ)を得たいと思っている。

なお、この小著をまとめるにあたっては、多くの方々からの厚情を受けた。中川泉三氏の編集された『石之長者木内石亭全集』は非常に参考になったが、他に長谷部言人博士は『神代石之図』等の借覧を許されるとともに、未定稿の原稿、その他の資料を心よく提供された。高山市の二木長右衛門氏一家、滋賀県草津市西遊寺高木憲雄氏一家にもお世話になった。また、岐阜大学の中野効四郎氏、滋賀県教育委員会の服部文雄氏・西田弘氏、岐阜県赤坂町教育委員会の清水春一氏等の好意をも忘れることはできない。ここに記して謝意を表したい。

昭和三十七年七月

斎藤忠

目次

口絵

挿図

第一　石亭の一生

一　おいたち

誕生

石亭は享保九年（一七二四）の十二月一日に、近江の国（滋賀県）志賀郡下坂本村で生れた。今日の大津市下阪本町の地にあたる。この土地は、琵琶湖の西畔に位し、うしろに比叡・比良の山々を負う静かな村落であった。

父は、拾井平左衛門、母の名は見せい。父の家系は明らかでない。しかし、母の見せいは、木内家から縁づいたのであって、その父は、木内重実であった。石亭は、やがて、この母の実家に養子にゆき、木内姓を名のる運命になったのであり、しばらく、母の実家の家系について筆を進めることにしたい。

奉公するなら山田の小兵衛

木内家は、立派な家柄をもっていた。祖先は藤原氏の出で、魚名十四世の孫にあたり、寿永の乱（一一八二―八四年、すなわち源平合戦）で戦死した木田次郎実重からの血統をうけている。すなわち、実重に二子があったが、長男は木田氏を称し、次男は木内氏を称したのである。その後木内家の子孫は、織田信孝につかえ、信孝が没落したのちに、近江の国栗太郡山田郷に土着していた。山田郷は、今日の草津市北山田の地である。琵琶湖の南畔の一角にあたり、山田港としてこの湖水における渡津の一つであり、坂本や大津にも舟でゆききする便があった（中村直勝「琵琶湖の航路」『歴史地理』第二九巻第二・三・四号参照）。この要津の一部に地を占めた木内氏は、やがて膳所藩主本多家の郷代官の地位を保ち、そして港務の管理にあたるようになり、おのずから経済的にもめぐまれ、この地方における名門として遇せられる境遇になった。代々、小兵衛と通称していた。「奉公するなら山田の小兵衛、瀬田のから橋庭で見る」というような俚謡が、いつのころからか、人々の間に口ずさまれていたという伝承もあるが、木内家がこの山田港の一角で、いかに大きい構えをもち、ゆたかな生活をしていたかの一面が語られているようである。

見せの父である重実は、寛文十二年（一六七二）に、清富の長男として生れた。見せは重実の長女であり、坂井村の拾井平左衛門の妻となったのである。拾井家の家系については明らかでないということを前に述べたが、木内家の長女が嫁した相手の家柄は、その釣合から見ても、かなりのものであったことは察せられよう。

幼名は幾六

石亭は、この二人の間に生れたのであった。はじめ、幾六（きろく）と通称していた。生れた場所が、坂本村のどの辺にあたるかということは、これをつまびらかにすることはできない。しかし、石亭は、晩年に、坂本村の幸神（さいのかみ）社に石燈籠二基を寄進している。これに、石亭がみずから作った銘文が刻されており、この中に、「今木内氏を冒（おか）すと雖も、原（もと）社前拾井の家に生れぬ」（原文漢文）とあり、つづいて両家の子孫の永遠に隆昌であることを祈願している。幸神社は、琵琶湖畔にあ

拾井家の氏神幸神社

たる今日の大津市下阪本町に鎮座している。小さい社祠のすぐ前には、寛政八年(一七九六)に拾井氏が願主となって奉献した石燈籠二基がならんでおり、石亭の寄進したものは、そのそとの方の鳥居の前に立っている。この神社は、拾井家の氏神であったのである。しかも、たまたま、石亭の奉献した石燈籠の銘の中に、社前拾井の家とあることから察すると、この神社のそばの琵琶湖に接近する地域あたりが、拾井氏の家であったものであろう。前面には、あるいは四季のうつるご

石亭の実家拾井家の氏神幸神社
(正面手前の二基の石燈籠は晩年石亭が寄進したもの)

とに、あるいは朝に夕に、それぞれ異なる情趣をもった湖水の静かな風光が展開している。背後には、比叡・比良の連峯が美しい山容をもってせまってきている。幾六は、この大自然のふところにつつまれ、めぐまれた家庭的な環境の中で、その幼少時代をすごしたのであった。家のそばの幸神社の境内も、彼にとっては、思い出の多い遊び場所でもあったのであろう。

木内家への養子

この幾六が、母の実家である木内家の養子になったのは、何歳のときか不明である。母の実家には、見せを長女として、ゆか・とよの二妹があったが、いずれも縁づき、嗣子がなかった。それで、見せの子である幾六が、木内家に迎えられることになったのである。見せの実父重実にとっては、孫にあたるわけである。重実は、延享二年（一七四五）に七十四歳で死んでいるので、幾六が生れたときは五十三歳であった。彼にとっては、はじめての孫でもある。下坂本と山田とは、舟の便を利用すれば、そのゆききも簡単である。恐らく、幾六は、幼年のころ、母にともなわれて、しばしば母の実家をも訪れ祖父の膝下にもいだかれたことであろう。木内家の当主重実に嗣子がない関係から、その孫にあたる幾六を養子として迎えることが正式にきまったのは、重実の年齢等から推察しても、幼年期から少年期にかけたときと見てよい。家柄をもち、血統を重んじたであろう木内家にとっては、当主の長女の子である幾六を養子にしたことは、最も適当な措置(そち)であったのである。

このようにして、幾六は木内家に迎えられた。そして、この土地で人々から尊敬され、経済的にもめぐまれた木内家で、不自由のない生

石亭が幼年時代すごした琵琶湖畔の実家付近

奇石を愛する性癖

活をつづけ、新しい人生が展開したのである。

幾六は、幼いときから、早くも、珍奇な石を愛玩するという性癖をもっていた。後年に、石亭はみずから、その著書である『雲根志』前編（巻五）の中で、「予十一歳にして初めて奇石を愛し云々」と述懐している。また、石亭の死後、蜂須賀家の儒者藤原憲によって撰された碑文の中に、「幼くして他に翫弄なく、唯奇石これ好む」（原文漢文）と記されている。この文には、あまり誇張はないものと考えてよい。これらによっても、早くも十一歳という幼年のとき、今日なら、小学校の五―六

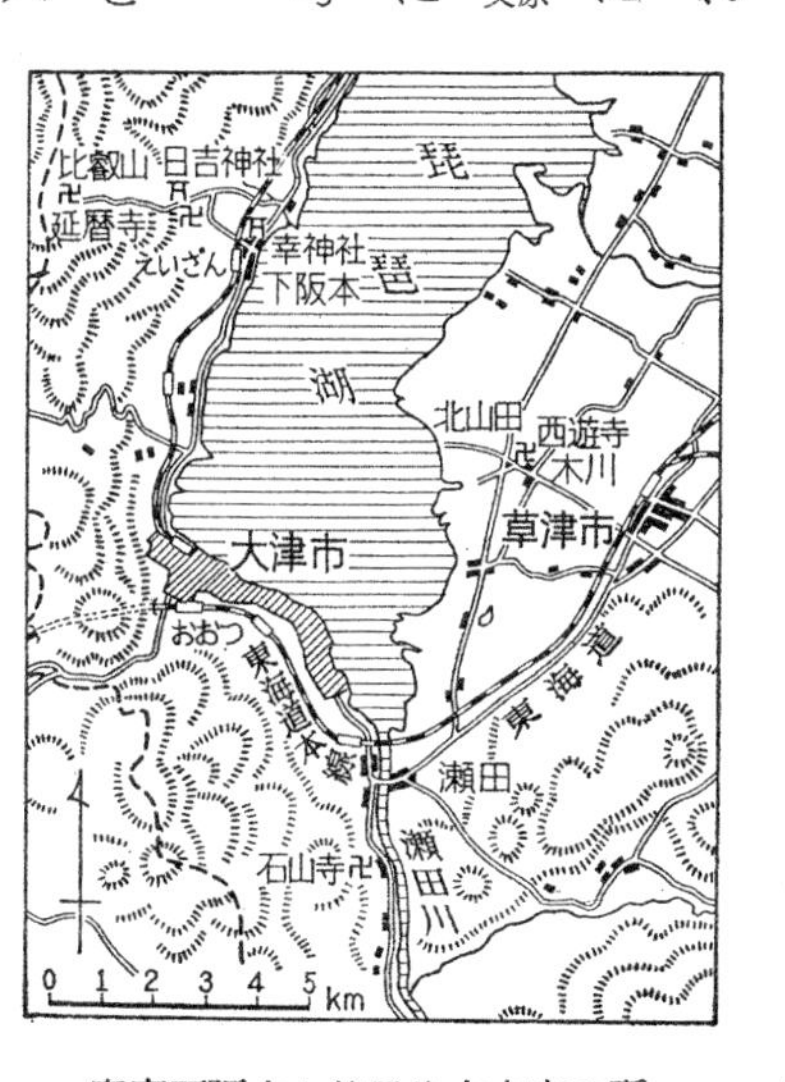

実家下阪本と養子先木内家の所在（北山田）を示す地図（昭和37年項）

年生にあたるころから奇石を愛したという、かなりかわった人生のスタートを切ったわけである。

奇石を愛した動機

一体どんな境遇が、どんな動機が、彼にこのような性癖を芽生えさせたのであろうか。あるいは、坂本の静かな村落の自然が、しらずしらずこの性癖をみちびかせたのかも知れない。母が、その祖先について話した物語なども、彼の心をゆすぶったかも知れない。琵琶湖のほとりで遊んでいる中に、ふと足もとにあった一つの珍らしい石をひろい上げたことが、その力強い動機になったかも知れない。また、母の実家には、いくつかの珍蔵の古物などもあったようである。『雲根志』後編（巻三）の中に、石亭は、「兎石」というものを紹介し、「江州栗太郡山田村、予が本家に秘蔵する一石あり。其昔東山殿義政公御秘蔵の一なり。故有て今当家の物となる。背上金字にて海上月と銘す。是則公の御筆蹟なり。」と記している。幾六は母に伴われて、その実家にいったときなど、この種の品をも目に触れたであろう。養子にいってからは、ますます触目(しょくもく)する機会もあったことであろう。そして、重実から、直接、珍蔵の石の由来なども聞いたことであろう。とにかく、このようないくつかのめぐまれた自然と環境とは、彼の幼いころの珍らしい石を愛するという異常な好みを、あるいは点火させ、あるいは一層拍車をかけさせたにちがいない。

将来、石の長者として全国的に知られた芽生えは、すでに幾六の名をもった幼少のとき、この琵琶湖のほとりの閑村ではぐくまれたのであった。

幾六は、新たに木内家に迎えられ、そこで、必要な学問を教えられ、躾(しつけ)もなされたことであろう。

十八歳のときの奇談

彼は、次第に成人した。しかも、十一歳のときから愛着をもったという奇石への収集の意欲は、長ずるにしたがって、その熱意さが加わってきた。十八歳のときの一つの挿話がある。これは、彼の収集した葡萄石についての入手の由来の物語で、『雲根志』前編（巻五）や同後編（巻三）に記しているものである。後編の記事をそのまま引用しよう。

> 予、十八歳の正月十八日の夢に何処も知らず市中を過るに、小き古鉄店に此石を糸にて釣下たり。近寄て手に取見れば、真の葡萄にして実は石なり。乃、賤価に求得たりと見て覚ぬ。翌日、同志の人々に語りて一笑とす。さて其翌年正月十八日、偶、大津高観音へ参詣するに、去年夢に見しごとき古鉄店に此石を釣下たり。賤価に買去る事すべて夢のごとし。豈奇遇にあらずといはざらんや。

『雲根志』前編には、二十年前正月五日の夢となっており、その翌年の某月某日商人より葡萄石を求めたが、去年の夢に少しも違わず符合していると記しているだけであるが、同一事項をとりあつかったことは明らかである。

とにかく、石亭の若かったころの収集の得意の一こまであったろう。ことに、

分家

そのころ若輩ながら、すでに同志も何人か居ったことも知られるのである。

二十歳という年を迎えたとき、すなわち寛保三年（一七四三）に、彼の一身に家庭的な変化があった。すなわち、幾六は、分家の身となったのである。そして木内家では、近江の国の浅井郡加村（かむら）の脇坂氏の次男である伊興（これおき）を新たに養子に迎え、その妻として、重実の二女であったゆかの嫁にいった木内藤十郎の女、すなわち重実にとっては孫女にあたるものを迎え入れたのである。重実が七十二歳という老齢のときに、木内家に

北山田の港（石亭旧宅は正面の松の木付近。往時はこの辺が琵琶湖の重要な港津の一つであった）

とっての大きい変動が生じたわけである。

分家した事情

幾六が木内家の養子に迎えられたことは、当然、重実の後を嗣ぐ前提であったことは明らかである。しかも、分家という問題が実現し、本家の後を嗣ぐものとして、新たに脇坂家の人を迎え、その妻として、重実の孫女、すなわち重実の二女が縁づいた木内藤十郎の女をめあわせたという家庭の大きい事態が発生したということは、一体どんな事情のためであったろうか。これについては、後世、石亭も何ら筆に触れるところはなかった。したがって、今日推察するよりほかはないが、一応、表面的に考えられることは、木内家という、この土地の名門の家に迎えられた幾六にとっては、その性格上、相容れないものが多かったのではなかったかということである。すでに、石に愛着を覚え、同志の友をもち、夢にすら奇石の収集を忘却しなかった少年期から青年期への多感な石亭にとって、木内家の社会的な地位のもつ役割や経理面の経営などは、到底よくなし得ることではなかったろう。彼は、むしろ、その性格上、このような俗事にかかわらずに、彼の趣味を生かしたかったのであろう。木内家の周囲にとってもまた、すでに若くして石の魅力にとりつかれたような変人的な存在に、あるいは次第に好感がうすらいだこともあったのでなかろうか。これが、一つの理由であったかも知れない。しかし、単に、これだけのことで、木内家にとっての、大きい家庭的な変動をみちびいたものとも思われない。もっと、大きい直接の原因もあったのでなかろうか。

禁錮された一事件

この際、石亭の若いころのかくれた一つの事件があったことを忘れてはならない。これは、たまたま、享和三年(一八〇三)に、畑維龍の書いた随筆『四方の硯』の中に記載されているものである。畑維龍は京都の儒学者で、この随筆は、雪・月・花の三巻にわかたれ、読書の際に得た和漢の事物の考証や、見聞した雑事など百四十余項をまとめたものである(『日本随筆大成』新版第一期第十一巻にも収録されている)。この中に、

小繁年少き時に、里正のつかさして家富り。その頃、貪吏罪あるに連及せられ

て、禁錮の身となる。三年の星月(せいげつ)をふるに、その同僚皆々やまひにかゝりて死す。小繁その妻と、つとに起、夜はいねるまで石玩(もてあそび)し、起居動止(ききょどうし)まめやかにして、三年の星月(せいげつ)ふる事を忘れて、石を手すさみ楽みければ、身にいさゝかのなやみなく、夫妻ともにすこやかなり。其後に罪ゆるされて、石を好事もとの如し。常に人に語りて曰、吾石を玩する癖なくば必ず病にかゝりて、身なくならましを、石の我を冥助(めいじょ)することいとあつしと、ものがたりぬと。

小繁(こはん)とは、あとで述べるが、幾六を改称した通称である。この事件は、事実を語ったものと見てよい。妻のことなどについては、後文の家庭の項でもかさねて記したいが、とにかく、石亭は年少のころ、禁錮の身となったのである。恐らく、木内家の家柄として、早く里正(りせい)の事務にも関連させられたと思われるが、もし、これが二十歳前後とすると、禁錮という事件が、分家をいそがせた一つの直接の動機となったことも考えられよう。たとえ、貪吏(どんり)の罪に連座したためといっても、禁錮ということは、家柄を重んずる木内家にとっては、一つの重要な痛手ででもあったろう。これが、木内家をして、このような分家問題にまで発展させたので、なかろうか。この考えは、すでに清野謙次博士も『日本考古学・人類学史』上巻の中で触れているところである。

石亭の青年期の一苦悩

とにかく、分家の問題のときは、当主重実は七十二歳の老齢であり、重実の精神的な負担も大きかったろう。重実は、その後二年立って死んだ。しかし、そのときは、分家のこともおちつき、伊興(これおき)や孫女にあたるその妻や、分家した幾六らに看護されながら、静かに心安らぎながら冥目したことであろう。二十歳という、いわば社会人としてようやく一人前になったころの幾六にとっても、分家の問題は大きい精神的な苦悩でもあったろう。しかし、彼は、後年にも、何らこの問題については触れていない。また、禁錮という事件についても、みずから言及したことはなかった。晩年には、その氏神であった生れ故郷の幸(さいのかみ)神社に寄進した石

燈籠の銘文にも、

小子年八十余、老いぬと雖も、益々壮にして、業全く名栄ゆ。実に斯の神の威に依る。

として、ながい生涯の幸福を神に感謝している。恐らく、禁錮という年少のときの忌わしい一つのこの事件も、忘却の境地においやり、幸福に満ち足りた晩年の心境でもあったのであろう。

むしろ、幾六にとっては、禁錮という事件も、あるいは分家という問題も、彼の性癖であった奇石の愛玩を一層助長させる上に、めぐまれた大きいチャンスでもあったのであり、二十歳前後のこれらの事柄によって、いよいよ彼の眼前には、新しい世界が展開されてきたのである。

二　茶道の修業

彼は、分家という家庭的な一事件を契機として、その若い羽を自由にのびのびと大空にのばすことができた。そして、奇石への愛着や、その収集も次第に本格的となった。それとともに、学問への励みも、人格の陶冶にも怠りはなかった。

茶人野本勝助

二十七歳のとき、すなわち寛延三年（一七五〇）の春には、京都南禅寺畔の小嶋代右衛門の紹介で、珠光院の茶人野本勝助の門に入った。勝助は、その年十月に名を改め、父の名を踏襲して道玄と称した人で、当時茶道における著名人であった。幾六は、入門して、その師から学んだことを、丹念に『懐中日記』として筆にしたためている。この自筆の日記は、小型のもので、後年、石亭の交友の一人であった木川（現在滋賀県草津市）の西遊寺の住職鳳嶺道人の手に渡ったもので、今日、西遊寺にそのまま保存されている（『木内石亭全集』巻六にも収録）。この日記によると、はじめ同年の三月五日に、

『懐中日記』

代右衛門と同道して訪れ、三月二十五日に正式に入門した。やはり代右衛門が同道し、一封・一肴（こう）を持参し、代右衛門はさきに帰り、幾六は昼過ぎより二時過ぎまでの間話を聞き、珠光院茶道につき学んだ。彼の日記には、こまごまと、その学んだことを記録している。いかにも筆まめな石亭の、若かったころの面目を躍如（やくじょ）たらしめている。たとえば、

。ふくさ　何勝手にても右の方に付る。尤（もっとも）たゝみ様、ふくささ

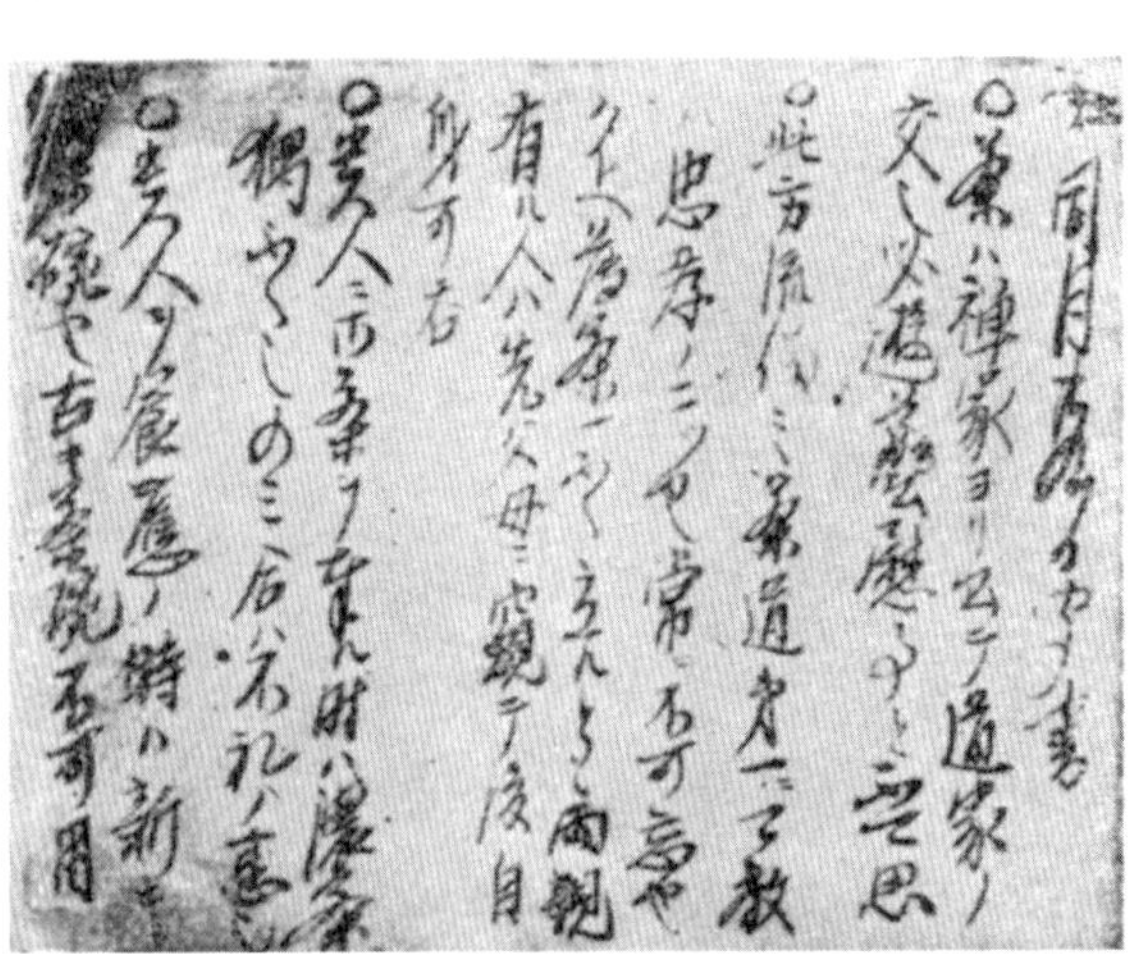

石亭自筆の『懐中日記』の一部

ばき違ふ事。

○茶巾（ちやきん）　布幅の半分をはゞに致す。長さは布のはゞ也。たゝみ様違ふ事。

○茶杓（ちやしやく）　珠光院にては銀むくか象牙か也。尤節（ふし）なし。併何（しかし）にても有にまかせ可（もち）ﾚ用（うべし）。持様違ふ事。

○茶せん　ふしなし。

○炭に寸法はなし。然れ共、どう炭長さ四寸、それを二つに割たる割炭、細きは管炭、どう炭二つに切たるか。輪炭管炭二つに切たるかとめ炭也。其外見（み）計（はかろう）。

などである。次には三月二十九日に訪れて学んでいる。そのときには、はじめに、一般的な修養の問題にも触れたと見え、箇条書きにして書きとめた記録のはじめには、

○茶は禅家より出て道家（どうけ）の交（まじわり）也。必（ず）遊芸慰事と不ﾚ可ﾚ思。

茶道第一は忠孝であるという教え

。此方流儀之茶道第一に可レ教は、忠孝の二つ也。常に不レ可レ忘也。たとへ薄茶一ぷく立るとも、両親有る人は先父母に窺(うかがい)て後、自身可レ呑。

ということがある。その後、四月十五日・五月二日・六月十三日・七月二十四日・八月二十四日・九月十三日・十月二十日・十一月十日・十二月九日という工合に、ほぼ一月に一度は訪れ、学ぶところがあった。そして十二月九日には、

扨(さて)御立前もかたまり候へば、来春よりは勤て毎月御出にも及申間敷、御上京毎に終日咄(はなし)を聞に御出可レ被レ成、家秘伝受之事共追々に可二申上一。唯咄を御聞被レ成候得ば大に茶道学問に成申候。猶又思召出し次第御書留おかれ御尋可レ被レ成候。此方にも申度事共存出し候はゞ書留めおき、御出之節可二申上一と也。

茶道の修業終る

と師からいわれ、一応の修業は終ったのである。

このようにして、彼は、よき師について茶道を学び、茶道の精神を知った。し

かも、彼にとっては、茶道の修業は、学問への力強い前進ともなり、人生への大きい修養ともなったのである。茶道修業のはじめに、彼は、師から、必ず遊芸や慰み事と思ってはいけないことを教えられ、珠光流の流儀の茶道第一に教えるべきことは、忠孝の二つであり、これは常に忘れるべきでないことを説かれた。すでに、茶道の修業の一応終了した十二月九日には、彼は重ねて、

◦前にも申候ごとく、茶を遊芸慰事と必々思ふべからず。君父に忠孝第一也。家を納(おさめ)身を納るの道也。

◦上をうやまひ下をあわれみ、友に交りを厚ふし、身の奢(おご)りをつゝしむべき事肝要也。

人生への大きい修養

と教えられたのである。珠光流の茶道の根抵をなすともみなされる忠孝の道や、上のものに尊敬をはらうとともに、下のものにもなさけを深くすべきことや、友情や質素の教訓は、石亭の、今後の人生の行き方にも一つの指針をあたえたもの

というべきであろう。彼が、やがて全国的に多くの交友をもち、広く社会の各層の人々からも愛され、親しまれ、弄石（ろうせき）の仲間の指導的な地位を占めるに至ったことも、もとより、彼の生来の人がらによるものがあるとしても、このころの茶道の修業による人格の陶冶が大きい役割を占めたものであろう。また、茶道の修業中にも、彼は、奇石についての勉強にもプラスするものを忘れなかった。『雲根志』前編（巻五）には、盆石のことを記し、

『雲根志』前編に盆石の記述がある

> 古代は盆石を甚だ秘蔵せし事也。中古廃棄（すたり）て用ひざりしに、近年好事（こうず）の士、やゝ古説を唱ふるものあり。真の書院床飾（とこかざ）りには必（ず）盆石を用ゆと云。予が茶道の師京都野本道玄先生の説に、四方に庭をはなれたる中座敷に床あらば、盆石をかざるべしと。砂の打やうに古実（こじつ）ありと。

と述べていることも、茶道の修業中に得た一つの知識を生かしたものであった。

物産学者津島恒之進の弟子となる

また、二十八歳のとき、すなわち、宝暦元年（一七五一）九月には、大坂に逗留（とうりゅう）した

ことがあった。物産学者であった津島恒之進が大坂で物産会を催したので、これを見にいったものと思われる。そして、これを機会として、彼に学ぶことになった。恒之進は如蘭（じょらん）と号し、加賀の人であったが、京都にながく住し、本草学者松岡玄達の門人であった。

物産学や物産会のことについては、後文でも書きたいが、この学問は、本草学と表裏一体の関係をもつものであり、産業という観点に立って、動植物や鉱物などを探索し、その利用の方法を考える実学であった。そして、採用した資料を中心として陳列会がもよおされ、比較研究に資するとともに、一般への普及宣伝の一助ともなした。この陳列資料の中には、鉱物としての奇石や、または考古資料としての石器なども含まれることがあった。物産学者津島恒之進を師にしたことは、幾六にとって一つの学問的な息吹きを新たにあたえられたものであった。『雲根志』前編の巻頭に、天神石のことを紹介し、「京都に如蘭先生とて、物産の師あ

幾六から小繁へ

石亭，師の津島恒之進の教えを受ける図（『雲根志』前編所収）

り」と記しているのは、この師のことである。

このようにして、単に、奇石への収集や、愛玩に熱中していた青年幾六も、野本勝助を師として茶道を学び、茶道の精神を知り、人生の修業をつんだ。そして一方、津島恒之進を師として物産学を学び、学問のあり方を知り、学問の世界に突入することができたのであった。

なお、石亭の通称であった幾六という名は、やがて小繁(こはん)とあらためられているが、この時期については明らかでない。

しかし『懐中日記』には、まだ「湖東山田浦木内幾六重暁」と自筆している。重暁は諱（いみな）である。幾六という名は、二十七歳のときまで用いられたことは、たしかである。恐らく、その後、社会的にも次第に名が知られてきたとき、小繁と改めたものであろう。小繁は、後に、交友の一人であった西遊寺の住職鳳嶺にあてた書状にも、しばしば用いられているが、他に、小はん、または、古帆の字をも用いている。

三　若き日の家庭

石亭の妻はどんな人であったか

石亭の若かったころの家庭はどうであったろうか。ことに、彼がいつころ結婚し、その妻はどんな人であったろうか。彼のような特殊な趣味をもった人の妻の座というものは、大へんなものであったことが想像される。彼の妻は、果たして、夫の奇石愛玩に対しての、理解者であったろうか。あるいは、全く無関心な女性であったろうか。このことは、私どもの知りたいところである。しかし、石亭は、この種の人物の多くに見られるように、家庭のことについては、ことさらにこまごまと記すようなことはなかった。筆まめであり、多くの資料的な記録をのこし、おびただしく各方面に書翰をだしておりながらも、彼自身の家庭について、彼の妻や家族については、語るところは少なかった。これは、あるいは、彼がおのれの趣味のみを生かし、家庭的には冷たい人でなかったか、ということを考えさせるかも知れない。だが、当時における家庭生活、しかも木内家の古くからの家風の中につつまれた環境においては、その妻というものは、表面にあらわれないかくれた存在であり、彼が若き日の家庭について記すところのなかったことは、必ずしも不思議ではなかったのである。

石亭が、案外早く妻帯したことは、さきに紹介したように、畑維龍（これたつ）の書いた随筆『四方（よも）の硯（すずり）』の中の禁錮の事件にからんで、妻のことに触れているのでもわか

よき理解者

る。さきには、禁錮の事がらだけを述べたが、もう少し、その記述をふりかえって見ると、年若いころ、里正(りせい)のつかさをしていたとき、貪吏(どんり)の罪あるのに連座して、三年の間、禁錮されるという逆境におかれたのであるが、その間、彼は、その妻とともに奇石をもてあそび、他の同僚が病のためにたおれたにもかかわらず、よく健康をもちこたえたというのである。彼が、幼少のときからもった弄石の趣味が、この逆境を美事にふみこえさせた興味ある挿話であるが、しかも、この話によると、妻もまた同じ趣味をもち、二人で相より相たすけあったことが察せられる。この点から考えると、二十歳のころ、すでに妻帯し、その妻は、よく夫の趣味をたすけ、よく夫の仕事を理解した良妻であったものと見てよい。

子がなく養子を迎える

しかし、彼と妻との間には、子がなかった。彼は、三十代になって、自分の甥にあたる、京都寺田三郎兵衛の子小源太なるものを養子に迎えたのである。だが、彼が三十八歳のとき、小源太は七歳で早世した。

若き日の石亭の家庭生活には、このようにして、いくつかの波瀾もあった。分家の問題、禁錮の事件、さては、実子がなく養子を迎えたが、この養子も早世した、というような悲痛な事がらなどをたどって見れば、彼の二十代・三十代は、必ずしも坦々たる人生の道ではなかった。しかし、彼は、よく石を愛し、妻もまたこの仕事を理解し、むしろ、この趣味の世界に生きることに、一つの意義を見出して、新たな人生を切り開いていったのであった。

四　物産会における活躍

元禄を過ぎてから次第に勃興した物産学は、石亭が三十歳の前後、すなわち宝暦のころには、実学として広く世間にみとめられ、多くの学者が輩出していた。明和七年（一七七〇）の緒言による伊勢の学者南川維遷（いせん）の『閑散余録』は、この前後の物産学の動向について次のように述べている（『日本随筆大成』新版第二期第二十巻に収録）。

本草ヲ講究シテ物産採薬ヲ事トスルコトハ、向井玄升（げんしょう）（霊蘭先生ト号ス）ヨリ始ルトイフ。稲生（いのお）若水ニ至テ尤（もっとも）盛ナリ。貝原篤信モ本草ヲ好ミ、大和本草ヲ著ス。若水ハ著述百余巻アリト自ラ言ヘリ。韓人ニ序ヲ乞タルコト唱和集ニ見ヘタリ。然レドモ世ニ伝ハラズ。今ノ本草ノ新校正ハ、名ヲ若水ニ託シタレドモ、和名ニ允当ナラザルコトマヽ見ヘタリ。疑フベシ。初メ京師ニ住シ、加賀ニ聘セラレ、加賀ヨリ江戸ニ召レ、教命ヲ蒙リテ庶物類纂一千巻ヲ撰セリトナン。松岡元達ハ若水ノ門人ナリ。本草一家言ヲ撰ス。コレ又世ニ公ニセズ。用薬須知、ソノ余、蘭品、桜品ノ類、一巻二巻ノ冊子ノミ刊行セリ。元達ノ門人多キ中ニ、津島恒之進ト云モノ如蘭ト号ス。加州ノ産ニテ京ニ住シ、学問ノ力ハナケレドモ、物産ノコトニ精密ナリキ。今ハ物故セリ。今ニテハ浪華（なにわ）ニ戸田斎宮、京師ニ直海元周、江戸ニ田村元雄、平賀源内、コレラノ人皆本草ニ名アリ。

さきにも述べたように、石亭は、二十八歳のころ、この随筆の中にも紹介されている、津島恒之進を師としたのである。当時、恒之進の弟子には、木村蒹葭堂(巽斎と号す)があった。大坂に生れ、造酒を家業としたが、経済的に余裕ある家庭に育てられ、幼いときから画を学び、経史にも通じ、物産にも心を用い、珍らしい薬物や古器・金石文資料・書画等をあつめた。恒之進の門弟になったのは、十三歳のときで、石亭が大坂に逗留した宝暦元年には十六歳という若輩であったが、立場としては兄弟子にあたった。石亭は彼と交わり、つよい刺激のあたえられたことは当然であった(木村蒹葭堂については、鎌田春雄「木村蒹葭堂」『歴史地理』第二十一巻第三・四号の記述がある)。また、大坂には、医家戸田旭山がおり、石亭とも相知ることができた。『雲根志』前編巻二にも、「浪華戸田先生」の名が記されている。

石亭が三十一歳のとき、すなわち宝暦四年に、津島恒之進が没したので、同六年江戸の物産学者田村元雄の門に入った。田村元雄も藍水と号し、石亭より六歳の年長者で、京都の津島恒之進とならんで物産学に令名を馳せていたのであり、その門人に平賀源内がおり、石亭は、源内とも交わりをむすぶことになった。『雲根志』には、しばしば田村氏または田村先生の名が記されている（前編一・二・三巻、後編一・三巻等）。田村氏・田村先生とは、石亭の師、田村元雄のことであった。

　これらの人々は、物産学という実学を生かす意味で、しばしば物産会を開催したのである。物産会は別に産物会ともいわれた。津島恒之進が、大坂で宝暦元年にこれを催したことは、さきにも述べたところであるが、江戸では、田村元雄が、同七年に、湯島において初めて開き、同九年には、平賀源内もまた、同所で催した。同十一年には、大坂の戸田旭山これを開き、この会には、田村元雄や平賀源内も出品した。同十二年に、平賀源内は再び江戸で開催、翌十三年には、京都東山でも行なわれ、盛会であった。その後も、しばしば開かれた。

　石亭は、大坂や京都の物産会には、異常な熱心さをもって出席し、この機会を利用して、同好の士とも交わった。そして、みずからも、その収集品を出陳した。このようにして、彼は、比較考究する便宜もあたえられ、広い知識をもち、ものを見る眼識も、次第に養われた。また、会における重要な存在ともなり、広くその名も知られるようになった。『雲根志』に散見している記事を整理して見ると、会の年月日や、石亭の出陳した品物がわかる。すなわち、次のものがある。

- 宝暦十四年五月二十三日（石亭四十一歳）　浪華戸田氏の産物会に出雲の国黒班石や石樹を出陳した。
- 明和二年八月十五日（石亭四十二歳）　京都東山の産物会に出席した。
- 明和三年四月十五日　京都東山の産物会に豆砂数種や一奇石を出陳した。
- 明和三年五月十八日　京都産物会に出席した。
- 安永四年八月（石亭五十二歳）　浪華の産物会に出席した。

物産会にも刺激されたのであろう、このころ、彼の奇石の収集も、次第に本格的になった。しかしながら、もともと物産会は、本草学あるいは物産学を背景として、植物や動物や鉱物を中心としたものであり、石亭のように、奇石を集め愛玩するというゆき方とは異なるものであった。そこに、石亭としてあきたらぬもののあったことはいうまでもない。石亭を中心とした奇石愛好の人々は、物産会から遊離して、別に奇石会をつくった。そして、やがて「弄石の社を結んで已に数百人」(『雲根志』前編巻五)と石亭みずから述べたような弄石の人々の大きいグループの母胎となったのである。

奇石会をつくる

五　弄石の旅

石亭の三十代から四十代のころは、物産会において活躍するとともに、新たに弄石の人々のグループの中心的な存在としての動きを見せ、人生における最もはなばなしい活動の時期でもあった。この世代に、彼にとっての大きい事がらの一

諸国を通行すること三十余国

つは旅行であった。

彼は、広く各地に旅行した。『雲根志』前編巻五の「二十一種珍蔵」の項の中に、十一歳ではじめて奇石を愛し、今に至るまで三十年来昼夜これを愛玩したことを述べ、「此ために諸国へ通行する事三十余国」と記している。『雲根志』前編は、安永二年（一七七三）彼が五十歳のとき刊行されたのであるが、これによると、五十歳のころまで三十余国を歩いたことが知られる。『雲根志』その他の著書の上でしらべてみると、三十余国の中には、彼の郷里近江の国はもとより、近隣の山城（京都府）・美濃（岐阜県）・伊賀（三重県）の国々をはじめ、大和（奈良県）・河内（大阪府）・摂津（大阪府兵庫県）・和泉（大阪府）・紀伊（和歌山県）・但馬（兵庫県）・播磨（同上）・淡路（同上）・伊勢（三重県）・志摩（同上）の国々や、尾張（愛知県）・三河（同上）・遠江（静岡県）・駿河（同上）・伊豆（同上）・相模（神奈川県）・武蔵（東京都・埼玉県・神奈川県）・下総（千葉県茨城県）・常陸（茨城県）・甲斐（山梨県）・信濃（長野県）・越前（福井県）・加賀（石川県）・能登（同上）の国々にも及んだようである。

当時の旅行は、必ずしも安易なものでなかった。しかも、このころまで、全国のおよそ半分に近い国々を歩いたということは、いかに彼が旅を好んだかということを示している。この世代の彼の活動の一つは、このような旅行にあったといってもよい。無論、これらの旅行は、単なる物見遊山ではなかった。あるいは山野を跋渉し、奇岩を訪れ、奇洞に入り、あるいは各地の弄石の仲間をたずねて知識を交換し、あるいはみずから奇石を採集し、または譲りうけたり、彼にとっては、実地研修のよい機会であった。

旅行の目的

かつて、宝暦七年九月に、彼が三十四歳のとき、摂津の国有馬にいって一月ほど滞在したことがあった。これは、恐らく、湯治のためであり、その後の弄石の旅とは目的が異なったものであった。しかも、彼は、その間にも、資料についての聞書や採訪を忘れなかった。『雲根志』後編巻二に、

有馬温泉の逗留

予、往年摂津国有馬に遊で薩摩の杣人と一月許同宿せり。彼杣人云。

と記して、薩摩の飛動石について紹介しているのも、彼の資料の採訪のたくましさの一端を示すものといえよう。また、彼は、『雲根志』等に、しばしば有馬温泉付近の奇石について紹介しているが、これらは、その滞留中の知識によるところが多かったにちがいない。

彼は、旅行中、丹念にメモをとったらしい。どこで石を採集したか、誰から石をもらったか、などもきちんと記録している。もっとも、まとまった旅行記というものはない。『雲根志』三編の奥付には、『諸国漫遊奇石譚』五冊についての広告をだしていることから考えると、一種の旅行記の出版の計画もあったらしいが、実現されなかったようである。ただ、『雲根志』の前編や後編や三編の随所に、石の説明に関連して、どこの地に旅行したかを記している。これによると、彼の旅行の一端を年次順に組み立てることができる。すなわち、

宝暦　元・九　二八歳　大坂に逗留する。

二・	二九	近江の国桐生山の奥にゆく。
七・九	三四	摂津有馬に逗留。
八・三	三五	紀州日高郡地方にゆく。
八・五	〃	近江の国犬上郡佐目村にゆく。鐘乳洞に入る。
九・三	三六	伊勢をへて熊野に入る。
一〇・五	三七	近江の国石部宿金山岩窟をさぐる。
一一・三	三八	近江の国甲賀郡鮎川村・黒川村の間の山路にある足跡石をたずねる。
一一・八	〃	丹波の国柿花村に桜花石を見にゆく。
一二・九	三九	越前の国敦賀浦にゆく。
		山城の国山科郷牛尾山に登る。
一三・正	四〇	播摩の国高砂にゆき三浦氏を訪う。
一三・四	〃	同国神崎郡北村地方にゆく。
一三・九	〃	近江の国浅井郡から越前の国敦賀にゆく。

明和	元・三	四一	美濃の国養老滝付近にゆく。
	元・六	〃	近江の国田上山にのぼる。
	二・三	四二	山城の国相楽郡鷲峰山にのぼる。
	三・四	四三	伊勢の国津にゆき二-三の同志をたずねる。
	四・三	四四	美濃の国御嶽の宿より南に三里、月吉山方面を探る。
	六・九	四六	山城の国鞍馬山に登り当山の石を見る。
	八・	四八	近江の国田上谷羽栗山を探る。

他にこの間、京都や大坂で開かれた物産会にも出席したことはもとよりである。これらの上から、しばらく、彼の旅行のいくつかの事がらをたどって見よう。

奇石の採集

彼は健脚家であった。みずから山を歩き、谷を跋渉（ばっしょう）した。そして、彼のゆくところには、奇石の採集という大きい目的があった。宝暦二年、近江の国桐生山の奥にいったときは、谷間で一黄石を拾った。同十二年、越前の国敦賀浦に旅しては、麦飯石数枚を得た。明和元年、美濃の国の養老の滝付近では、多くの忍草紋石を拾った。あるいは播磨の国明石の浦では、朱石を拾った。紀伊の国熊野八鬼山では、桃花石一塊を拾った。しかし、その出土地をはっきりとつきとめたいということで、近辺を数回たずね求めたが、遂に探求することはできなかった（『雲根志』後編一）。

もっとも、このような採取の旅にも多くの困難があり、この困難を踏みこえての大きい愉悦もあった。明和八年、彼が四十八歳のとき、水晶や雲母の採取の目的で、近江の国田上谷羽栗山に行ったが、道に迷って桐生村という山奥にはいってしまった。しかも、意外にも、その谷底で大きい白水晶を拾うことができた。この山には、昔から、水晶や石英が産出しないといわれていたところなので、彼の喜びもさこそと察せられる。

民家のものをゆずりうける

またわざわざ採取の目的で土地を訪れたのにかかわらず、求める石は手にいらなかったので、近くの民家にあるものをたのんで求め得たこともあった。これについて、彼は次のように記述している。

美濃国養老滝の近山に錦石という大石あり。予、明和元年四月二日、其地に至て是を得たり。大石にて一石也。昔は自由に割取りしが、後世山崩れ、彼石土砂にうづもれて得がたし。故に近里の民家に持伝ふを乞求て得たり。

(『雲根志』後編巻二)

また、彼は、採取のほかに、実地にみずからの目で奇巌などを観察するために、旅行したことも少なくなかった。宝暦十一年、近江の国平賀郡鮎川村・黒川村の間の山路の字提田(あざひさげだ)というところをたずねたのは、そこに、八尺六面ばかりなる巨大の石で、足跡石といわれるものがあり、これを見るためであった。宝暦十一年の八月という暑いころ、丹波の国の桜花石というものを見にいった。

京都より十三里、亀山より五里許(ばかり)西北に当り、山口といふ里あり。此内に柿花村といふ小村ありて、山の麓に天神の小祠あり。当社の境内、山中残らず

桜石なり。（『雲根志』後編巻二）

と記されているものである。また、摂津の国有馬から七里西北に名塩という村があるが、ここの名塩川の両岸の山中に瓢簞(ひょうたん)石がある。彼はこの地をもたずねた。明和六年前後のころであった。このような実地踏査をへた関係で、従来誤り伝えられたものをも訂正することもあった。

美濃の国養老の滝から二里許西の山上に、五色石といわれる大石がある。彼は、これについて、「宝暦十四年二月にこゝに至りて見るに、五色にはあらず、紫・白の二色なり。」（『雲根志』後編巻二）と述べている。

彼は、奇石についての話を聞くと、恐らくこれを実地に見てみずから採取したいという衝動に駆られたことであろう。

人あり、予に語て云。摂津有馬愛護(宕)山に蟻の化石あり。みずからゆきて拾ひ得たりとて蟻の石と化したるを三つもち来りて予に見せける。（中略）予、其翌年彼地に到り、四-五人ばかりして終日たづぬれども曾て得ず。

（『雲根志』前編巻三）

と記していることは、蟻の化石の話を聞くと、矢も楯もたまらず、早くもその翌年には現地を訪れたことを示すものであり、彼の熱意のほども知られるのである。

同志の宅を訪問

彼の旅行の目的には、実地を踏査し、みずから奇石を採集することのほかに、各地の弄石の同志を訪れ、収集した品物を見せてもらって、見聞を広めることもあった。明和三年に、伊勢の国の津に旅行したのも、ここで、二-三の同志の門をたずね、石を一見するためであった。

気軽な旅

しかも、彼の旅には、急に思い立った、気まぐれなものも多かった。後年であるが、二木長嘯への手紙の中に、

去る冬十一月十六日、俄に風と存立、勢州弄石家順見仕候。

としたためている。恐らく、三十代・四十代も、これに似た気軽な旅行が多かっ

たことであろう。むしろ、このような気軽さが、かえって、彼に数多い旅行をさせたかも知れない。

金華山の金砂を手に入れた話

なお、彼の旅行中の一つの奇談が伝えられている。彼は、かつて、陸奥の国の金華山の金砂を手に入れようとして、はるばるこの地を訪れた。船に乗った際、あらかじめ舟子は、次のことを乗客に注意した。「金華山の神は、古くから金砂の他に移動することを許していないので、帰るときには、履物(はきもの)の底に粘(ね)りついている砂をさえ払いとるならわしにしている。そうでなければ、たちどころに風波がおこって、舟をくつがえすおそれがある」と。石亭は金華山につき、神社に詣で、金砂を若干懐中にして帰航についた。果たして、一天にわかにかきくもり、風浪が高くおこった。舟子は、乗客をしらべたところ、石亭が金砂をかくしていたことを知り、罵倒して船をもどし、石亭をして神殿に返還させた。石亭は舟子の隙を見て、再び金砂を懐中にし、社前に額(ぬか)ずき、自分が千里を遠しとせずしてきたのは、金砂少量を得たいばかりの目的であり、願わくはこれを許されることを祈った。再び帰航についたが、幸いにも、この航路は安穏であり、その目的を果たすことができたというのである。

これは、『木内石亭全集』（巻二）に、中川泉三氏が述べているところであるが、私は何にもとづいたかを知らない。また、金華山にいったとしても、いつのころかも不明である。とにかく、石亭の旅行にちなんだ一つの伝説として紹介しておきたい。

所蔵品二千余点

彼は、このようにして、数多く旅をつづけ、採集し所蔵する奇石も次第に多きを加えた。『雲根志』前編（巻五）の中に、

今求め集むる処の石凡二千余品、その中に二十一種の珍種あり。

と記し、また、貝化石だけについても、

予集る所、一百余品。（同巻三）

と述べていることは、すでに五十歳までに、このような数多くのものを収集したことを語っている。この世代で、彼は名実ともに、弄石の人々の間での大きい地位を占めたのであった。したがって、彼の宅には多くの同好者の来訪を受けた。彼は、この人々を快く迎え入れ、宿泊させ、その所蔵品を見せ、語りあった。彼の人生における楽しみの一つでもあったのである。

人々を宿泊させる

尾張国津島に氷室（ひむろ）某氏、好事の人にて、奇石を貯事甚だ多し。明和八年卯五月八日、予が家を訪れて、三日三夜石の事を論ず。（『雲根志』後編巻二）

とあることも、その一つの例であった。

六 『雲根志』前編・後編の刊行

処女出版

彼は、各地を旅行して見聞したり、自分であつめたりした資料などを中心として、ようやく著述をなし、これを世に問うことになった。四十代から五十代にな

『雲根志』前編の包装表紙

るころは、このようにして機熟した彼が、従来の趣味的な生活から学問の世界にも飛躍したときでもあった。すなわち、『雲根志』前編が安永元年（一七七二）十月に成稿し、その翌年に刊行された。彼のながい間の苦心が一つの著述となってあらわれたものであり、彼にとっては処女出版でもあった。

彼は、この著述の跋文を木村蒹葭堂（けんかどう）にたのんでいる。このときは蒹葭堂は三十九歳であり、大坂における著名な文化人の一人となっていた。石亭の処女出版の跋文として、人を得たものというべきである。発行は浪華書林興文堂である。

『雲根志』後編

その内容は、五巻から成り、霊異類・采用類・変化類・奇怪類・愛玩類という工合に分類して、全国の奇石を集成したものであった。『雲根志』については「著述」の項でもまとめて述べたいと思うが、この刊行は、そのころさかんになった奇石愛好の傾向に大きい刺激をあたえ、世間からもかなりの好評を得て、版を重ねた。大田南畝が明和五年から文政五年までの間の色々なでき事を書きとめた『半日閑話』（『日本随筆大成』新版第一期第八巻所収）にも、この本の名が紹介された。

つづいて、五十六歳のときには、『雲根志』後編をあらわした。これには、新たに像形類・鐫刻類を加え、前者には車輪石や鍬形石を入れ、後者には鏃石・曲玉・神代石・天狗飯匕・石弾子を含ませている。すなわち、考古学上の資料をも加えたものであり、その分類には幼稚なものがあったとしても、従前の単なる奇石の羅列から一歩進んでおり、彼の学的成長のあともうかがわれる。そして、六十歳のとき、天明三年（一七八三）には、『曲玉問答』をあらわした。これは問答風の体裁

谷川士清の『勾玉考』

をとったものであるが、曲玉についての彼の独自な見解が大胆に発表されている。このような学的な成長は、彼が、よく資料をしらべ、一方文献の渉猟にも努力した結果でもあるが、多くの交友からの啓発によることも大きかった。たとえば『雲根志』前編の刊行された翌年には、伊勢の国学者谷川士清は『勾玉考』『石剣頭考』を上梓している。『勾玉考』には石亭の所蔵した材料をもつかっており、石亭は『雲根志』前編にはまだこれを紹介してなかった。『雲根志』後編における勾玉の記載、または『曲玉問答』の著述は、谷川士清から受けた刺激をも看過することはできないであろう。

なお『雲根志』には、前編には、その題名に「湖上石話」と冠しており、後編には、「石の長者」とあらためている。変化を好んだ書肆の注文によったものかも知れないが、「石の長者」の名は、その前編がようやく世にひろまるにつれて、宣伝されるに至ったものであろう。

五十代の旅行

彼は、五十代にも旅行をつづけた。もっとも四十代のころから見ると、次第にその回数も少なくなってきている。五十歳のときには、四月に能登地方を探勝し、五月には美濃の国金生山にいっている。また、五十二歳のときには、八月に大坂に遊び、木村蒹葭堂を訪れている。五十五歳のとき、安永七年の三月には、江戸にでて、師田村元雄をたずねた。そのころは『雲根志』前編が好評を博し、後編を執筆中であり、彼の得意のときでもあった。そして、師のところで奇石を見せられ、学問上の教えを得た。石亭は、『雲根志』三編(三巻)の中に、その事情につき、「終日奇石中に遊ぶ」とその追憶を記しており、たのしい日をすごしたことが察せられる。また、同八年四月には、志摩の国安乗(あのり)浦にいって、海士(あま)から海蘇鉄というものをもらった。同九年には、三月に、相模の国鎌倉を訪れ、その年の六月に、木曽路を通行して帰宅した。

このように、いくつかの著述をなしたことは、彼に一つの大きい実力をもつけさせ、弄石の人々の間の中心的な存在として、その地位をゆるぎなきものにした。

七　弄石の友

周囲の人々

彼が弄石家として名をなし、いくつかの著述をもあらわしたのは、彼一人の力だけでなく、周囲の多くの交友にあずかるものがあった。彼らは、彼にとって、人生のよき伴侶であった。そして一面、奇石の寄贈者でもあり、情報の提供者でもあった。彼の交友の範囲は全国的であった。『石亭著述書目』の中の『石亭石譜』には、みずから次のように記している。

知己帳

海内同好の知己三百余人、国所姓名悉く知己帳に詳（つまびらか）なり。中にも親友二百余人の書翰の端を剪（きり）て毎巻となし、席上に尊敬す。

もしこの書が現存していたならば、知己三百余人の名と、その国所もわかり、彼らの筆跡すらも明らかにされたと思われるが、憾むらくは失われている。しかし、知己三百余人と記されていることによって、いかに広範囲にわたったかを知ることができよう。また、『百石図』には、一国一名の高名家に勧進して序文六十八枚をもとむとあり、この写本が現存しているので、一国一名の高名家の名を知ることができる。また、『雲根志』には、しばしば弄石の友の名が紹介されており、『天狗爪石奇談』の中にも、彼の宅への来訪者の名が若干紹介されている。これらによって、交友の名を国別にまとめて見ると、次の通りである（なお、括弧はその出典を記す。雲・前の一は『雲根志』前編一巻の略。以下これに準ずる）。

各地の友の名

京都　津島如蘭（雲・前の二・後一）　烏丸通四条辺、畑某（雲・前の二）　寺町、蟠石亭吉田（雲前の三及雲・後の一・三及び雲三の四・五）　島田（雲・後の一）　寺田（雲・後の一・三の五）　伏見、伊良子（雲・後の一）　野本翁（雲・後の三）　高倉、広沢某（雲・後の三）　直海（雲・後の三）　柳馬場八幡町、法泉寺（雲・後の四及び三の三・五・六）　寺町御池上ル、木瓜館主人（雲・後の四）　三条ノ橋頭、川口士礼（雲・後の四及び三の三）　塩津某（雲・三の四）　村井某（同上）　伏見街道一ノ橋、今西某　百万遍屋敷、福島某（雲・三の四）　広幡内臣

前豊（百石図） 大納言芝山持豊（喜寿賀詞） 大納言中山愛親（喜寿賀詞） 円山応挙（百石図） 嵯峨、三秀院堅長老（雲・後の一・三・四及び三の四・五） 洛東、泉涌衆徒宏雲（喜寿賀詞） 六条、正因寺常住（雲・三の三）

近江　西遊寺鳳嶺（正編・正蹁）（書状） 石山寺、光蔵院光圀上人（書状その他） 甲賀郡石原、潮音寺和尚（雲・前の一・二） 上坂本、一島某（雲・前の三） 大津、西川某（雲・後の一） 栗太郡蘇東村、岡部（雲・前の四） 大津晩柳（雲・前の三） 野洲郡楢村、杉田（雲・後の一） 青路村、越後（雲・前の四） 石部宿、服部末石翁（雲・前の三、後の三・四） 鶴本翁（雲・三の四）守山町、本像寺住職（雲・後の一） 大津、横田某（雲・後の一） 坂本、焦石亭（雲・後の二及び三の六） 八幡上土田、正宗寺方丈 浅井郡五村、大村某（雲・三の二） 大津、西村某（雲・三の四） 矢橋村、石津寺院主（雲・三の三・六） 同、中村某（同四） 長波、横超院（雲・三の五・六） 草津、常善寺（雲・三の五）彦根藩、野村公台（百石図） 大菅権兵衛（同上）

大坂　戸田旭山（雲・前の二） 木村蒹葭堂（雲・前の三・後の一及び三の四・五その他） 天満、渡辺某（雲・前の三及び後の三）本教寺雑華庵石雄（雲・前の一・後の四・三の一及び百石図） 芥川某（雲・前の一） 山賀某（雲・後の三） 柏木某（雲・三の

四・五）

河内　菊池三右衛門豊勝（百石図）

和泉　堺、沙門太巌（百石図）

大和　釜口山普賢院泰然（雲・後の四及び三の五）　五条、横矢東馬（百石図）　藤門周斎（雲・後の一・三及び三の一・五）

宇多、森野某（雲・三の二）　南都、杉田某（雲・三の二・三）　下市、内田某（雲・三の四）　卜野寂光（雲・前の二）

谷川士清

伊勢　谷川士清（雲・前の一・二後の一・二及び三の五その他）　津、福田久蔵（雲・前の一・三の五及び百石図）　同、岡某（雲・前の一・後の三及び三の六）　菊池某（雲・前の一）　久居、保田長参（雲・三の五その他）　榊原温泉、太郎次（雲・三の三）

志摩　強力兵左衛門（百石図）

伊賀　滝本笑石亭（喜七郎・不睡）（百石図及び雲三の一・三・五・六）

紀伊　高野山前、北宝院堯昌（雲・後の三）　田辺宮時（百石図）

淡路　江国寺逸渓和尚（百石図）

丹波　桑田郡智井庄佐々里村、最勝寺（雲・後の二）　笹山、篠山与右衛門（百石図）
丹後　宮津、小林成郷（順亮）（百石図）
但馬　出石、桜井篤忠（百石図）
播磨　高砂、三浦迂斎（雲・前の二・三・後の一・三及び三の二・三）　佐用（与）、春名忠成（清兵衛）（雲・三の二・三・四及び百石図）
　赤穂、大川良平（雲三の六）
備前　岡山、若村某（雲・三の二）　山内某（同上）　閑谷、有吉和助（百石図）
美作　生津、江見十郎右衛門（雲・三の一及び百石図）
備中　岡田某（雲・三の一）
因幡　鳥取山人（百石図）
石見　不勝庵江橋（同上）
伯耆　八幡、陶山遠次（同上）
出雲　広瀬、岡田元秀（同上）

隠岐　一宮、村上玄道（同上）
備後　福山、佐藤玄東（同上）
安芸　沼田本郷、平賀惣左衛門（同上）
周防　岩国、森脇文圭（同上）
長門　草間周蔵（同上）
阿波　今城周左衛門（同上）
讃岐　後藤世釣（同上）　陶村、福岡某（雲・三の三・五）
伊予　実報寺村、実宝寺宥宝（百石図）
土佐　高知、谷万六（同上）
豊後　佐野公喬（同上）
豊前　中津、田信平（同上）
筑前　福岡、山崎文亮（同上）　安達某（雲・前の四）

筑後　柳川、由布多牧（百石図）　君山坊（雲・三の二・三・四）

肥前　佐賀、長尾順一郎（百石図）　萩、北島養（雲・三の三）

対馬　抱山（百石図）

肥後　熊本、村井椿寿（同上）

壱岐　石田、滝川延親（同上）

日向　清武、長友伊右衛門（同上）

大隅　瓢々子（同上）

薩摩　鹿児島、吉田意専（百石図）

若狭　小浜、藤田義知（同上）

越前　順真院牧谿（懐良）（同上）　敦賀、柳瀬某（雲・前の四）　今庄、中屋平八（雲・三の一・四・六）

前田利之

加賀　金沢、堀麥水（樗庵）（百石図及び雲・三の二・五）　金沢、津田某（雲・三の三）　前田利之（書状その他）

能登　七尾、一元某（雲・三の六）　真脇田景斎（百石図）

越中　片掛洞水（大淵寺）（百石図）

越後　鈴木一保（甘井）（書状その他）高田、光国寺窯珍坊（雲・三の一・五）

佐渡　川原田、中山惟貞（百石図）

美濃　市橋村、公泰定（理九郎・陸良・弥兵衛・鎌石亭）（雲・前の一・四・後の三及び三の二・四・六その他）同、九藤次（鼎）（二木長嘯あて書状）同、齢子（同西遊寺あて書状）赤坂駅、田中西念（雲・三の四）石原村、三宅某（雲・前の四及び後の一・二・三・四・五）野中村、正伝寺（雲・後の三及び三の六）中島村、吉田某（雲・三の六）岐阜、雪亭尚明（百石図）

飛驒　高山、二木長嘯（長兵衛・俊恭・長嘯亭）（書状その他）同、福島屋滄洲（五右衛門）（雲・後の四・三の二・三・五及び百石図その他）田元義（喜寿賀詞）

伊藤玄州

尾張　徳川弾正大弼（二木長嘯あて書状）伊藤玄州（百石図）津島、氷室某（雲・後の二及び三の一・三・六）日間鹿島、鈴川某（雲・前の一・三及び後の一）

三河　昌光寺荷恩沢（百石図）

信濃　岡村、柳屋平左衛門（雲・三の三）

甲斐　巨摩郡、穴山大島（百石図）

遠江　金屋宿、平野屋某（雲・後の三）　栗田土麻呂（百石図）

駿河　富士神社宮司民済（百石図）

伊豆　富南逸人（百石図）

相模　大山、三観万宗（同上）

武蔵（江戸）　田村元雄（雲・後の三その他）　平賀源内（雲・後の一）　神田多町三丁目、河津某（雲・三の二）　増上寺方丈斗海（百石図）　金龍院天随長老（雲・後の二）

安房　竹里石尚（百石図）

上総　曹長敦（同上）

下総　還源庵（同上）

上野　館林、石井条太夫（同上）

常陸　埼允明（同上）
出羽　永野、佐野仲山（同上）
陸奥　仙台、祇川（同上）

各方面の交友範囲

彼の交友範囲は、学者・文人や、公卿・大名や、神職・僧侶または土地土地の素封家などをはじめ、各方面にわたっていた。ことに、彼が公卿や大名に知遇を得たことは、彼みずから、天明三年のときの遺言状の中で、高位貴官の尋ねにもあずかることは、全く石の徳によるものとして感激していることでもわかるように、生涯を通じて光栄に思ったところであった。

もっとも、このように多い各社会層の交友の中で、彼が、その心境を語り得たほどの親しい友は少なかった。その幾人かについて記して見よう。

西遊寺の鳳嶺

西遊寺鳳嶺道人

西遊寺は、石亭の居住していた山田村とは隣村にあたる木川村大字木川にあった。山田の浦とは半里ほどである。この寺は永正七年（一五一〇）に建立したといわれ、文化十四年（一八一七）の『明細帳』に、「境内年貢地、東西十六間、南北十一間、藪堀共、本堂桁行五間半、梁行三間半、住持正徧」と記されているもので、この正徧こそ、石亭の親しい交友の一人であったのである。正徧は正蹁とも書いた。宝暦十三年に生れ、石亭より三十五歳も年下で、枕流道人と号し、鳳嶺の通称があった。石亭の感化を受け、奇石を収集し愛好し、弄石家の仲間でも知られた。石亭が寛政九年に高山の二木長嘯にあてた書状の中に、

> 同村内の木川村と申所に西遊寺と申一向坊(ぼ)んさま、余程之好(すき)に御座候。何卒跡を次ぎ被ㇾ申候程の好き仕込申度奉ㇾ存候。

とあり、石亭もその後継者と目したほどの人であった。石亭と距離的にも近い関係で、しばしば使をだして文信し、また事あるときにはさそい呼んだ。ことに正徧は字も上手であり、石亭は写本を依頼したり、図をもたのんだ。文政二年（一八一九）

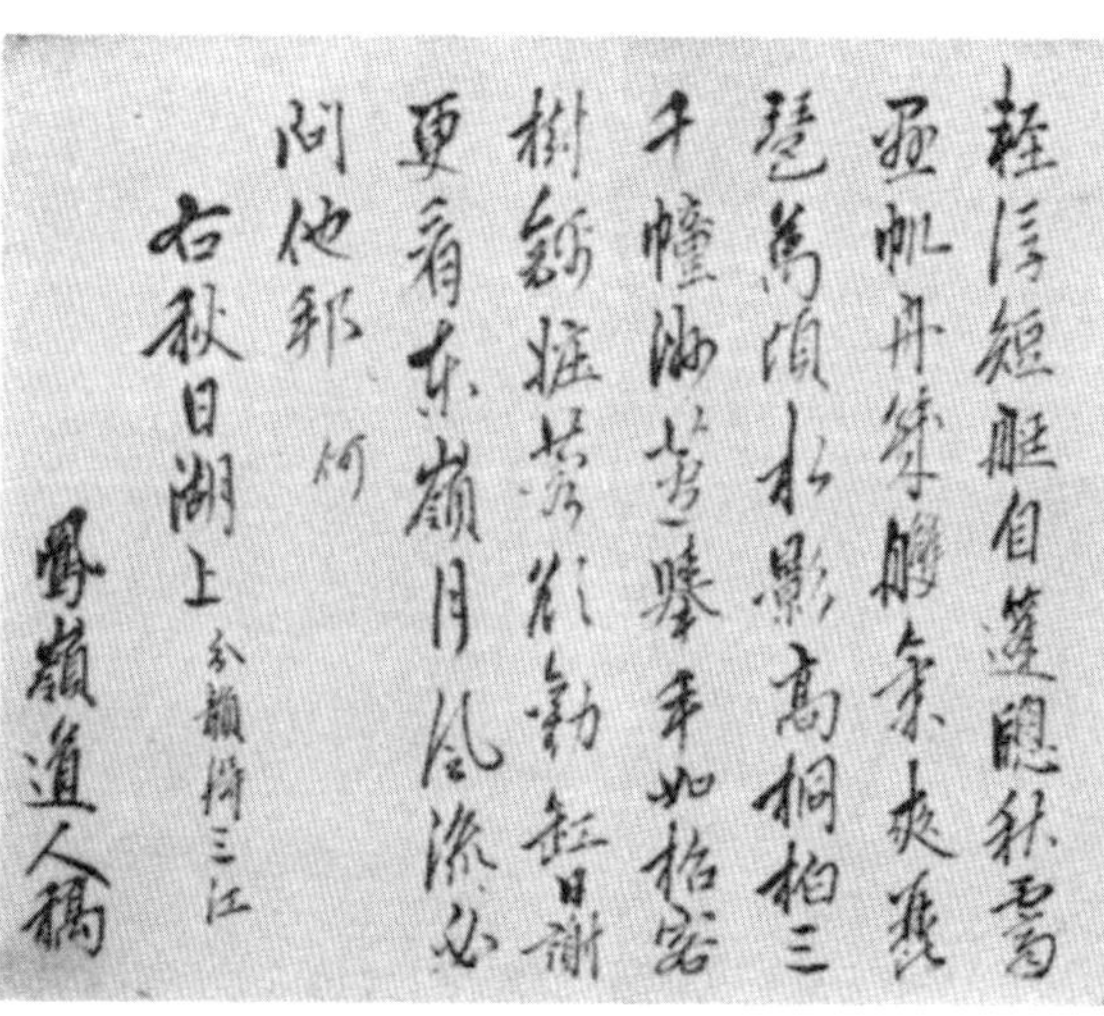

西遊寺鳳嶺道人の筆蹟（西遊寺蔵）

西遊寺の現状

十月十三日、五十七歳でなくなった。

西遊寺は、今日なお法燈をつづけている。現在、木川村は山田村とともに草津市に編入されているが、木川の集落に往時の面影をとどめている。現住職は高木憲雄師である。幸いに先代の所蔵した奇石や、寛政九年の『奇石会目録』や、『百石図』をはじめ『曲玉問答』等の写本や、『茶道日記』自筆本などが保存されている。また西遊寺蔵として、『神代石図巻』にも紹介された子持勾玉や、『曲玉問答』に記された提瓶の図の原品とみなされるものもそのまま伝えられている。ことに、石亭が正編にあてた書状はそのまま保存され、二人の交際ぶりがよくうかがわれる。

現存する資料

二木長嘯

二木長嘯

飛驒高山の人である。字(あざな)は子敬、通称は長右衛門、俊恭の諱(いみな)があり、長嘯亭(ちょうしょう)と号した。二木家は、もと加賀より移住し、元禄八年(一六九五)から酒造を営んだ旧

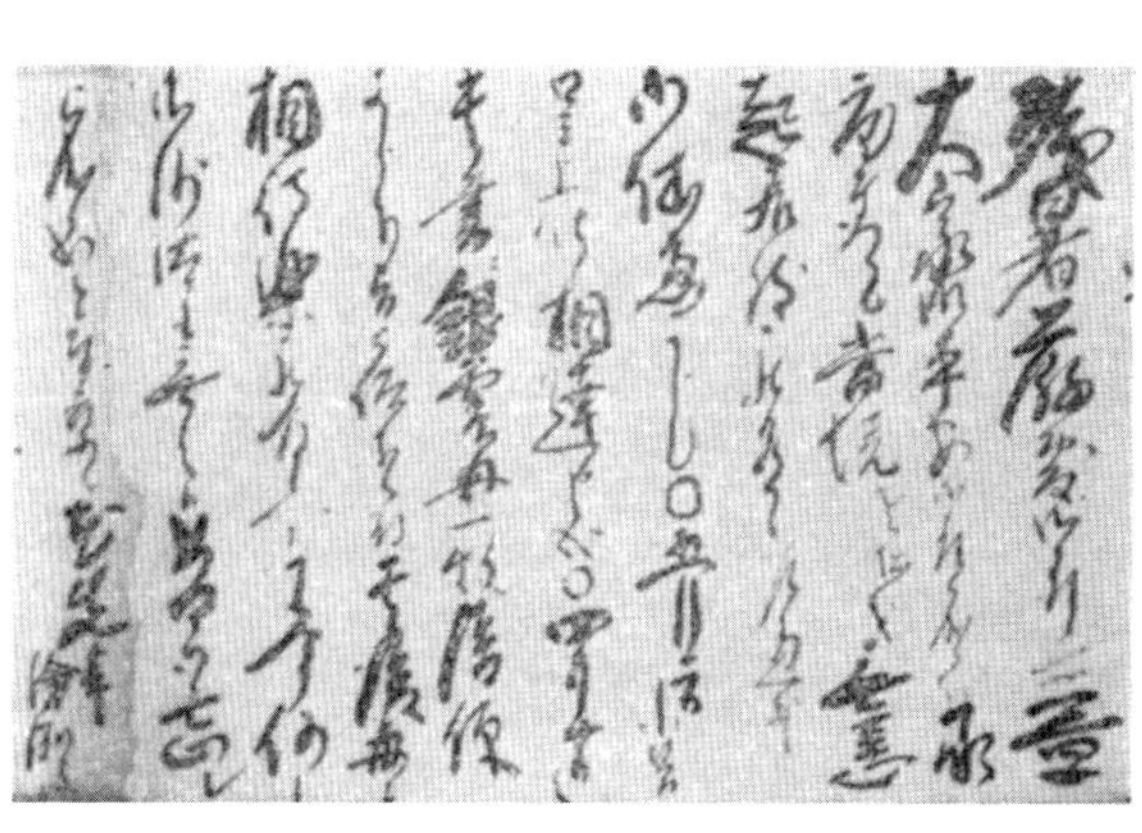

木内小繁（石亭）から二木長兵衛（長右衛門）にあてた書状

残暑厳敷御座候所、益大家御平安御座被レ成候哉、承度奉レ存候。当境老拙義無レ恙起居致罷有候。乍ニ慮外一御休慮被レ下候。○五月二日小箇呈上仕候。相達申候哉。○四月十日之貴書に銀雲丹一枚後便可レ被レ下旨被ニ御下一候哉、其後毎日相待楽罷有候へ共、于レ今何之御沙汰も無レ之候。如何御忘レ被レ成候哉と奉レ察候。尤先年滄洲子より貰所持致候へ共、大サ漸々（此位）にて御座候。何卒今少ニても大形ニて厚キ所御座候ハヾ壱枚御贈投偏ニ奉レ希候。○其節ハ鏃石十五本御恵ミ万々忝奉レ存候。此辺許好キ共大ニほしがり申候。何卒払物鏃御座候ハヾ五十ニても百ニても御調御越可レ被レ下候。奉ニ頼上一候。濃州へも申遣候得共未到来不レ致候。余慶ハ何程ニても不レ苦候。御買集御越可レ被レ下候。頼上候。○当春御頼ミ申上伊賀海津氏老父無想庵宜竜翁、古稀ノ賀勧進物来月中ニも御集

紙ニ寸方ナシ、紙ニ好ミナシ、題ナシ、何成トモ思召次第

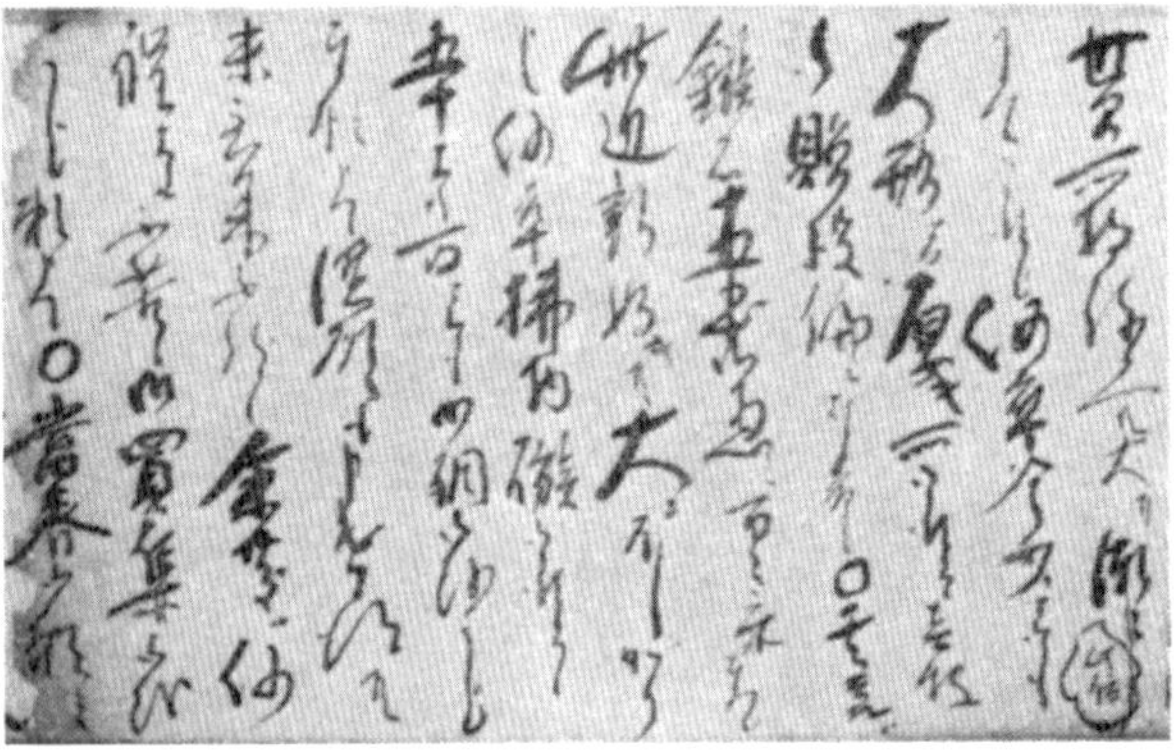

何成共沢山ニ御恵頼上候。去々年拙老古稀賀之節大ニ世話致集メ被レ呉候故、此度何卒百枚許集メ遣度奉レ存候。書余追々可ニ申上一候。恐々不□。

（寛政八年）七月廿四日　　木内小繁

二木長兵衛様
玉案下

家である。代々通称を長兵衛と称し、家督相続後は長右衛門と改めることになっいてる。俊恭は宝暦五年二月二十六日に生れた。石亭より三十二歳の年下である。家業のかたわら、広い趣味をもち、絵画にも巧みであったが、奇石愛好

無心する友

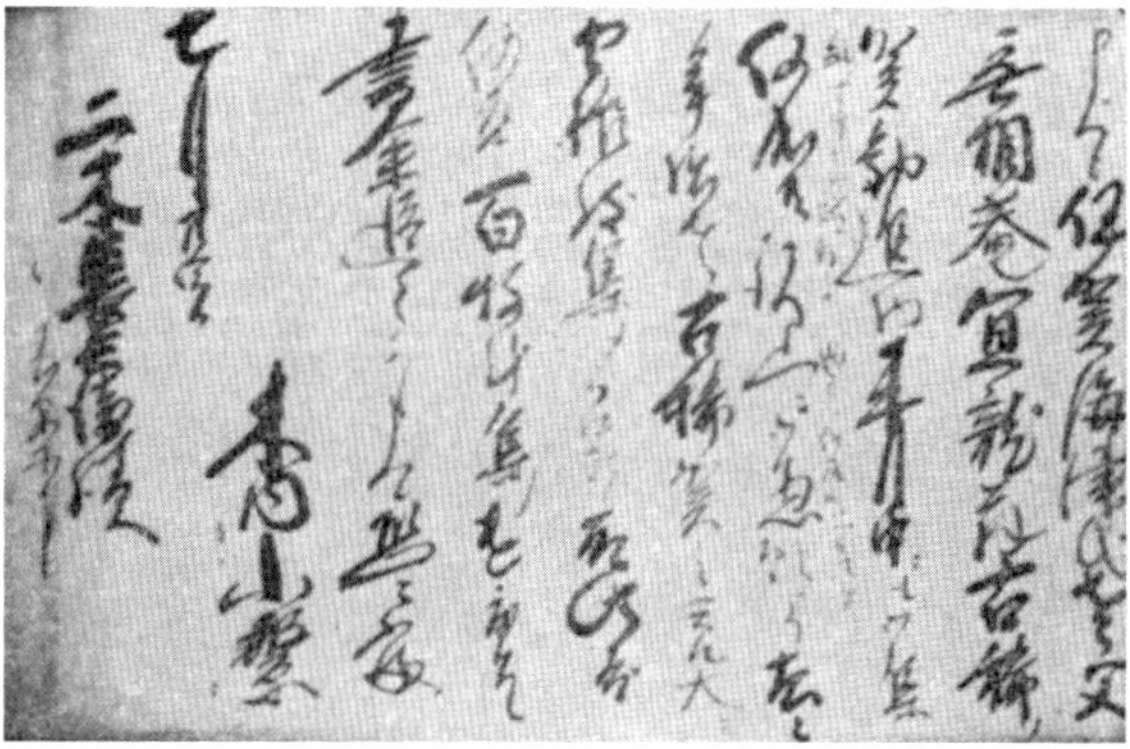

は、つぎに述べる同町の福島屋滄洲の感化を受けたらしい。石亭とは、安永・天明のころから交際がかなり頻繁に行なわれ、晩年までつづいた。石亭が長嘯にたのむところの大きいものは、奇石の寄与あるいは世話をしてもらうことであり、長嘯は、飛騨という場所柄、奇石、ことに石器等をあつめ得る機会にめぐまれることが多かったので、石亭はしばしばこれを無心している。

> 扨々（さてさて）、貴国は奇石の有レ之御国と御羨敷（うらやましく）奉レ存候。何卒御余慶之物共御取集め、沢山に御恵投之程奉レ希（ねがい）候。

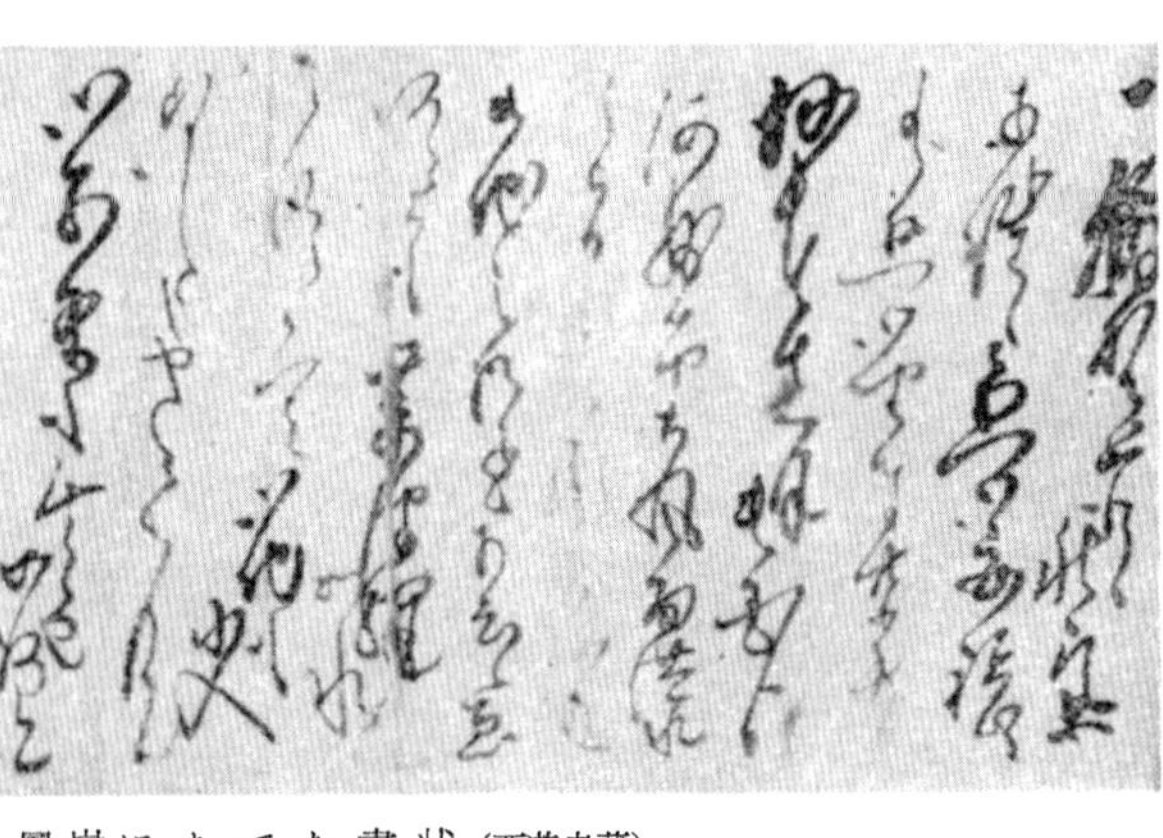

鳳嶺にあてた書状（西遊寺蔵）

（寛政元年十月二十七日書状）

雷斧（らいふ）の折にても、石炭の欠（かけら）にても不レ苦候。文通毎に御恵み奉レ希候。（寛政八年七月二十四日）

など、石亭の心情をあらわしている一文である。また、長嘯は画筆をよくしたので、図をも依頼した。なお、研究上のよき相手でもあり、石亭はよく彼の意見を聞き、批判をもなし、指導を惜しまなかった。文政十一年六月十日、七十歳で没した。

二木家は、今日も、高山市で酒造業を営んでいる老舗である。同家には、石亭の書

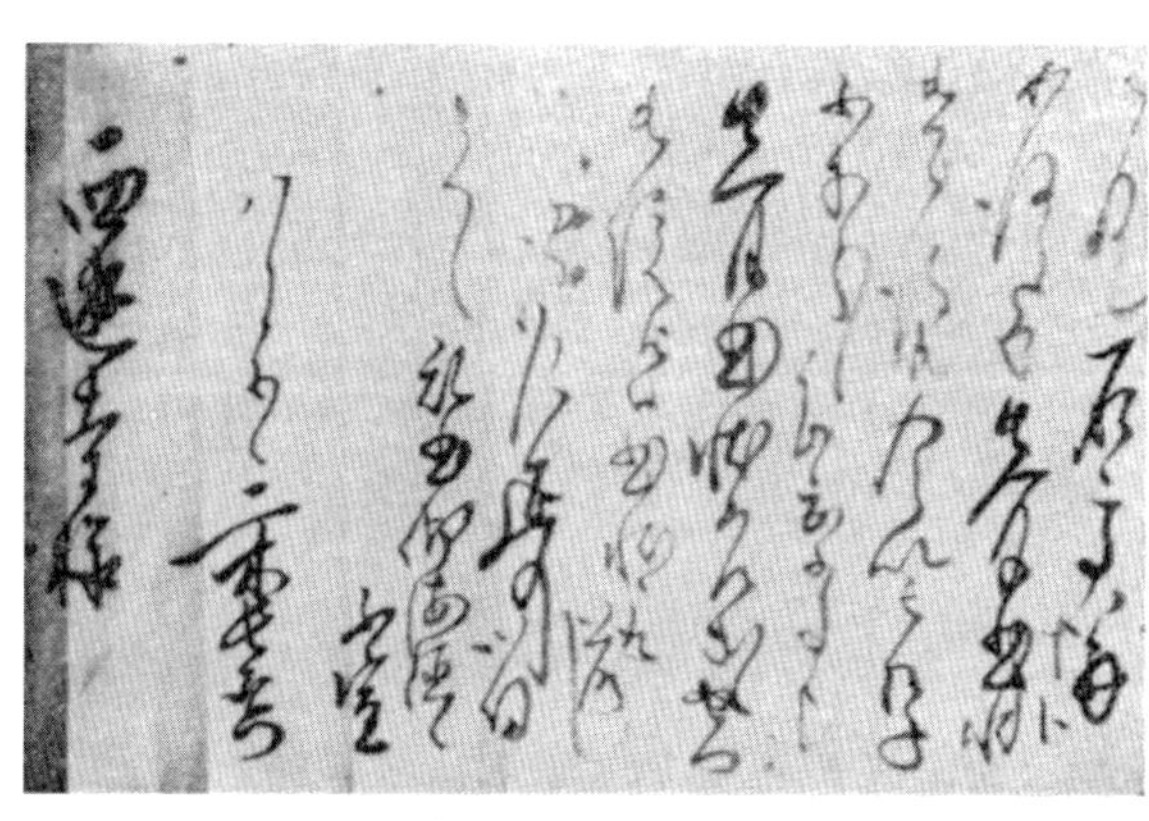

二木長兵衛(長右衛門)から西遊寺住職

輸を数多くそのまま伝えているとともに、長嘯の画いた『神代石図巻』や、石亭の筆による『神代石図巻』の序文や、その他の

一輸啓上仕候。秋気相催候。愈御安穏ニ可レ被レ遊ニ御座一奉レ察喜候。扨者先日貴国より河州筋大風雨洪水之旨追々承申候へ共、御地之様子相知レ兼、何ニても草津駅出水之儀ニ候へば、御地も水入致し申やと奉レ存候。御別条も無レ之や、如何と奉レ存有候。石亭翁ナド如何ニ候や、先日書状遣候得共、今以其様子不ニ相分一候。甚案事申候。先日書状差出使せつ、貴院江ハ書状取落し申候ゆえ、乍ニ延引一御伺申上候。乱書仰ニ海涵一候。　不宣

八月五日　　二木長右衛門

西遊寺様

数多くの遺品が伝えられている。

福島屋滄洲

福島屋滄洲

同じく高山の人である。本姓は津野、福島屋という屋号をもち、五右衛門と通称。諱は義見であった。また、蒲公英主・金華三受主・金華主人などの雅号もあった。享保三年（一七一八）に生れた。石亭より六年の年長である。糸屋の主人であったが、若くから詩歌を学んだ。また、奇石を愛玩する癖があり、収集品も多数に上った。しかも、滄洲は、この収集をかなり快く各地の同好の友に寄贈し、同好の友もまたこれに酬（むく）いる意味で、色々のものを贈った。明和七年（一七七〇）彼のあつめた奇石が五百八十四点に達したので、石亭の世話で、広幡（ひろはた）大納言（前豊）はじめ堂上五卿らの染筆を得て、『雲漢揮彩（うんかんきさい）』なるものを作成した。他に『州燕石録』の著があった。飛騨地方の奇岩怪石の類二十四観を描写し、詩歌・俳句等を各地の名士につくってもらい、また自詠のものを入れてまとめたものであった。

『雲漢揮彩』

寛政二年に七十三歳でなくなった。（なお、長谷部言人博士に「福島滄洲と二木長嘯亭」の論稿がある。『ひだびと』第八年第三号）

谷親子

谷理九郎・九藤次

美濃の国池田郡市橋村の人。石亭は『雲根志』（三編三巻）の中で、「谷氏、弄石に於て、古今の好人なり」と記し、二木長嘯への書状にも、「美濃赤坂谷氏、もんもうに好き也」（享和二年八月十四日）と書いている人である。親子で、父は理九郎（陸良）、子は鼎で九藤次（又は久東次）と通称した。この地は、化石や大理石にゆたかな金生山に近く、その環境は、自然に彼らを弄石の癖にみちびいたらしい。父の理九郎は、奇石五百余種をあつめ、ことに石鏃を多数所蔵し、鏃石亭（ぞくせき）、または雲根堂とも称した。また篆刻（てんこく）をよくした。文化十四年九月二十六日八十二歳でなくなった。子は安政元年になって、市橋村から赤坂に移住した。父の素質を受け、彫刻にも巧みで、赤坂（岐阜県大垣市赤坂町）の名産の大理石細工の発展にも貢献した。学問を好み、本草学も学び、父の感化を受けて奇石の収集にもつとめた。またわざわざ東国に弄石の旅にでるなど、旅行もしばしば行なった。しかし、必ずしも家はゆたかでなく、大理石の細工品を販売して家計を立てていった。

なお、山齢子といわれる弟があった。彼も、石の愛好者であったらしく、この兄弟は、石亭や西遊寺鳳嶺とつれ立って、近くの山に奇石採集の旅にもでた。石亭が二木長嘯にあてた手紙の中に、

濃州谷久藤次及舎弟山齢子□五―六日滞留にて鮎川ゟ同行、弁田上山へ西遊上人同行、雑石ながら数々手に入□帰申候。（寛政六年四月十三日）

とあって、この辺の消息を伝えている。また、谷九藤次が西遊寺鳳嶺にあてた書状も同寺に残っているが、

先御礼申上候は、神代石之図見事に御認め被二下置一、愚父悦申候て重宝に仕、同子に段々と見せ申、吹聴（ふいちょう）申候。

など、親子の弄石のうるわしい情愛もあふれている。(谷家のことについては、赤坂町教育委員会清水春一氏の好意で、『赤坂町史』及び『八幡村誌』にものせられていることを知り、九藤次の墓は、赤坂町妙法寺にあることを知った。)

服部末石亭

服部末石亭

近江の国甲賀郡石部町の人である。宝永三年(一七〇六)生れ、石亭より十三歳の年長者であった。通称善六、鶴甫(かくほ)または末石亭と号し、奇石を収集愛玩した。『雲根志』後編巻四鐫刻(せんこく)類の中に、「江州石部の宿末石翁、近山松樹の下を掘って糸巻のごとき石を数百個得たり。」などとあることからすれば、みずから古墳等を掘ってあつめたものもあるらしい。明和三年還暦の際には、石亭は画幅に賛を書いて贈っている(一一八ページ参照)。

普賢院の泰然

普賢院住職泰然

普賢院は前々より神代物家に御座候。此人の弄石の最初は、神代石手に入たるよりの好きにて、尤雅人に御座候。

（享和二年八月十四日石亭より二木長嘯への書状）

とあるように、神代石等の収集家であった。普賢院は、大和の国柳本（現在天理市）、にあり俗に釜の口大師といわれる釜口山長岳寺の一院であった。泰然は名は曇如、寛保元年（一七四一）に生れたので、石亭より十七歳の年少であった。大和の地の利を占め、勾玉・管玉・子持勾玉・石釧等古墳関係品を多く収集し、弄石家の仲間でも著名であった。享和元年、六十一歳で入寂した（『天理市史』）。

このように、石亭には幾人かの親しい弄石の友があった。その他にも、石山寺の密蔵院の僧正光圀上人も、奇石の愛好者で、石亭の宅をもたずね、石亭もまたしばしば訪れた。京都の吉田某も案山子または千切屋と称したが、めずらしい蟹石をもっていたので、蟹石亭と号し、石亭と交遊があった。伊勢の国（三重県）久居の保田も、「風流人也。石も新見世にしては繁栄也」と石亭に批判されている人であった（享和二年八月十四日、石亭より二木長嘯あて書状）。他に、伊勢の国の福田、大坂の本教寺楢清などの名も、石亭の書状に示されている人物であった。

鈴木甘井

遠方では、越後の榊原政永に仕え、中家老の職にあり、藩の財政を扱っていた鈴木甘井（かんせい）（名は一保、通称半兵衛）も、交友の一人で、石亭も「越州鈴木氏より介石一つ到来有レ之候」（石亭より西遊寺鳳嶺にあてた書状）と記しているもので、石亭は『神代石之図』を浄写してもらったこともある。甘井は、延享元年（一七四四）に生れているので、石亭より二十一歳年少である。好学の士で、有職故実（ゆうそくこじつ）にくわしく、ことに国学と俳諧とにすぐれた。中家老の職につき、財政上積極的な施策を行なったが、晩年職を退けられた。甘井は江戸詰となったこともあるので、石亭とは、そのころの交際も多かったであろう（『越佐人名辞書』及び『高田市史』上巻。なお他に長谷部博士に「木内石亭と鈴木甘井」『民族文化』六の論稿がある）。その他、高田の光国寺法順や、高田の巨商倉石甚助、または越中の笹倉清兵衛なども親しい友であった。倉石甚助は朱山と号し、名は秀、字は子徹（してつ）、河倉亭（かそうてい）と称した。巨商の家に生れ、画を学び、山水に巧みであった。文化七年に四十一歳でなくなった（『高田市史』）。

八　老境に入って

六十歳のときの重病

彼は、次第に老境に入った。しかも、還暦を迎えた六十歳のとき、天明三年十一月には病あつく、遺言状をしたためたほどであった。この遺言状は、悴の嘉蔵にあてたもので、葬式の方法などについて、こまごまと記している。すなわち、

遺言状

一、我等相果候節○沐浴なし其儘にて髪月代して常之衣服浅上下、木太刀着用入くわん（棺入）の事。○本像寺へ土葬之事。○白木のこし（輿）無用、乗物可レ然事。○紙細工一切無用。○三具足持事無用の事。○送りの親類中へ相頼み、常の衣服上下着用の事。親類・外様分兼いかがと云人も候はば、親類中小き松明を持か。○野餝・盛物はへぎにて餅・饅頭・干菓子類、左様に幾節も可レ然。○野膳尤木具・土器にて生塩・青菜・生味噌無用、何成共高盛可

レ然。〇ちやうちんは白張箱灯燈。〇位はい（牌位）なし。六角の杭木に表に木内小繁重暁神主と書。裏に年号月日横に行年を書。乗りもの先きに嘉蔵是を持。寺にて埋め候上印に立る。其外万事手軽く、費無レ之様取計肝要也。

いかにも、石亭らしく、すみずみまで手をとどくように叮嚀に指示している。しかも、心のうたれるのは、おのれのあつめた石について、嘉蔵に申しわたしている次の一節である。

一、我等生涯石に心魂を投打、実に菽麦も辨へざる身として六十余州の人に知られ、高位貴官の尋にも預るは、石の徳ならずして何ぞや。死後心の残るは石也。其方嫌とあれば是非に不レ及。進（奨）めても全（詮）なし。頼ても益あらじ。然れ共、食物の外嫌といふは多は我がまゝなり。暫我意を離れ、名跡と孝行と儀理と人口とを考、神明の前に心をすまして勘辨あるべし。穴賢。

自分が生涯を通じて石に心魂をなげうち、身分がひくくあっても六十余州の人々にも知られ、高位や貴官のおたずねにもあずかる光栄に浴しているのは、全く石の徳である。死後、心残りなのは、自分のあつめた石のことである。その方が嫌(きら)いであるならば致し方のないことで、すすめてみても、たのんでみても無駄なことではあろう。しかし、食物のほかに嫌(きら)いだということの多くは、おのれのわがままのためである。しばらく、おのれだけの我意からはなれて、今日までへてきたかがやかしいあとや世間というものや、孝行や義理人情というものをも考えて、神明の前によくよく心をすませて考えてほしい、という切々たる叫びであった。一生をかけてあつめ得た石について心を残し、そのために、嘉蔵をあるいは激励し、あるいは叱咤(しった)する切実な気持であり、死というものに直面した、老境に入った石亭の心境がよく文面にあふれている。

　この嘉蔵について一言すると、石亭は、既述のように早く小源太なるものを養子に迎えたが、不幸にして七歳で失ったので、再び嘉蔵なるものを養子に迎えたのである。これがいつごろであったかは明らかでない。しかし、石亭が一生をかけて集めた奇石を託するには必ずしも安心のできる人ではなかったようである。

病から立ち直る

石亭は、幸いにして、病から立ち直った。遺言状にしたためた石に対する配慮も、杞憂に終った。そしてその後、二十年余というながい老境の人生がつづいた。彼は、この病気を機とし、二十年余の歳月を、従来経てきたながい年月の間に蓄積した知識をより効果的に生かし、名声と周囲の交友とにかこまれて、はなばなしく送ることができた。その後の彼は、木の葉も散る凋落の秋から、冬枯の木立の風色を背景としながらも、なお得意な活動の舞台でもあったのである。

弄石の傾向いよいよさかんになる

彼が六十代のころは、弄石の傾向が世間にかなり広まってきた。彼みずからも、

> 寛保・延享以来、わづかに五十年、四方に奇石を弄ぶことを流行して、国々に鏃石を出すこと少からず。（『鏃石伝記』）

と述懐しているように、寛政のころから奇石を愛玩することが全国的に流行して

きた。もっとも、この流行には、石亭があらわした『雲根志』前編や後編なども、かなりの影響をあたえていることを考慮すべきであるが、学問も隆盛し、各方面に学者が輩出し、人々の生活もおちつき、その知性も向上した時代の流れにのった当然の傾向であった。このような風潮の中に、奇石家といわれる人々もますます増加した。

奇石家への批判

文化九年に、寺井菊居は、この傾向について、次のように述べている。

近世、奇石家と称し、専ら和漢外国産の奇石を集めて、其上下の品を撰み、品名・産所等を記して箱に収め楽しむ。(三宅米吉編『以文会筆記抄』による)

寛政から文化のころも、この傾向がつづいたものと思われる。

石の修業者

しかも、奇石家の中には、石の修行と称し、特に珍奇な石をもち歩き、奇石家をたずね歩くことも多くなってきた。奇石家として全国的に名も知られるようになった石亭も、しばしばこのような人の訪問を受けた。

寛政元年九月に筆をとったと思われる二木長嘯への書状の中に、

当六月越国（越後国 新潟県）高田光国寺と申僧石修行者之由にて初て見え、二三日滞留にて西国へ被レ越申候。日本無双とも可レ申大珍石一つ持参にて、付属ニ候右図先日之書中に申上候様に覚へ申候故此度は略仕候。云々

と記しているのも、その一人であった。

奇人銭笛道人

このような奇石家の中には、非常に変った人もおった。石亭が、寛政二年正月三日に、二木長嘯へあてた手紙の中に、同じ弄石の仲間石山寺密蔵院僧正の語った次の話を伝えていることも、当時の風潮を示すものであろう。

扨(さて)又僧正御物語に、一昨廿二日（寛政元年十二月）奥州二本松（福島県）之者、名を自身銭笛道人(せんてきどうじん)と名乗、銭に而(て)笛を吹申事奇妙奇怪の事也。密蔵院に一宿被ニ仰付一、昼夜笛を吹居申候て、笛之詩歌(しいか)・連誹(れんぱい)を勧進するよし。はや一千は集り候よし。是より西国辺へ行、右勧進して来夏秋（今年の事）の比(ころ)は帰り銭笛

堂を建立して諸国勧進之詩歌・誹(俳)句等を張供養するとの事也。

此男幼より奇石を好み去年迄集候へ共、とんと捨申候心付、奇石数百種重さ十貫目をおいねて国を出、諸国石好きに一石づつ施歩行、去年（天明八年也）春国を出、江戸迄の内に石は皆施し仕舞候へ共、二種は大切なる奇石故、身を不レ放持居る由物語故、所望して見候処、恐入たる奇石也。扨石の事も大に巧者にて、如何にも幼年より奇石好きと見候。扨其石は持て死する心か如何にと僧正御尋被レ成候所、いや望あり御堂上大納言已上の御人笛の和歌を五枚五人様より戴き候はば進上可レ申候由にて、大納言已上六人より笛の和歌六歌仙を集め可レ遣と僧正御請合にて、内一種は直に僧正へ献じ申候。残て一種は来（今年秋事）秋、西海より帰りの節六歌仙と引替に可レ致との約束にて西国へ持行申候との事。此図は拙老不細工なる図を滄洲子書中に入遣候。御取寄せ御覧可レ被レ下候。以上。

銭笛道人といわれる変人の奇矯な行動がよくあらわされている。

奇石模写の流行

また、当時は、奇石家の間では、単に石をあつめるだけでなく、互いに所蔵した奇石の図を写しあったり、交換したりすることも行なわれた。図には、その出所や所蔵家の名や、簡単な記述なども記され、実大の筆写が尊重された。したがって、絵の上手な人は、かなり重宝がられた。ことに、このころ、奇石家の間で

神代石

は、神代石といわれているものの収集や、図写などが流行した。石亭みずからも、

諸国一統神代石流行也。　（寛政八年十月五日二木長嘯あて書状）

といっている。神代石については、第二の「業績」の中でも述べたいが、要するに、人工でもなく、自然の天工でもなく、神のつくったものとして、石器時代の独鈷石や石棒、または古墳時代の石釧・車輪石・鍬形石等の石製品など、その用途の明らかでない石器や石製品を中心として命名されたものであった。これらの中で形態的にも技術的にもすぐれ、色肌のととのったものは、彼らの仲間で垂涎

措くあたわざるものとなったのである。

この傾向の中にあって、石亭は、すでに年齢的に円熟し、しかも奇石の収集における実力家でもあり、ことに、ながい経験にもとづき、その知識や鑑識においても一家をなしており、当然指導的な役割をもつことになった。

天明八年五月十四日（石亭六十五歳）、二木長嘯へあてた手紙に、

奇石之儀御穿鑿被レ成候へ共、愚民不二呑込一之段御尤存候。何方に而も左様の物に御座候。併心永く御世話被レ成候へ者、其内には自然と呑込好きも巧者人も出来るものに御座候。

と、一般に対する弄石の風のみちびき方を教え、また寛政四年（六十九歳）の手紙の中に、神代石のことに関連して、これらがでたらめにつくられたものでなく、それぞれその用途のあったことの意見をのべ、その時代を、「人もなき時より今七－八千年程もむかしのこと」と考えられたいことを説き、「其七－八千年も前の

事を何を以て考究出来可ㇾ申や、人生はかぎりあり、万物かぎりなし。限りなき万物を限り有智（ある）を以て何と一々に考究成可ㇾ申や」と語っていることも、学問の上でも老成し、自信と自負（じふ）とをもった指導者石亭の面目を躍如たらしめるものであろう。

江戸の旗本からの寄書

このようにして、次第に交友の範囲も拡大された。六十六歳のころ、尾州藩主徳川宗睦の舎弟弾正大弼（だんじょうだいひつ）勝当から近江の国の産石を集めてさしだすように命をうけて恐縮したこともあった（寛政元年二木長嘯あて書状）。またこのころ、江戸表の旗本六人から、「江州石亭翁奇石を愛し給ふを賀す」という前書で、詩と和歌と俳句と、自作直書（じきしょ）で、人にことづてて寄せられたこともあった。これらの旗本には、石高六―七千石の人もあり、一―二千石あるいは三―四百石の人もあった。石亭の知己の人でもなく、愛石の社中というわけでもない。これらの人々から寄せられたことは、石亭にとってまことに思いがけぬことであり、光栄にも思ったところであった。石亭は、これらを、から紙反古帳にすることも不敬と考え、また一枚一枚表具することもどうかと思って、珍蔵の大石の内六種を選んで新たに画とし、これに讃としてはりつけ、六枚屏風に仕立てた（寛政元年九月七日及び同年十月二十七日二木長嘯あて書状）。

奇石を無心す

なお、石亭は六十代になっても、奇石の収集は断念することなく、むしろその指導的な地位を利用して広くあつめた。美濃の国（岐阜県）高山におって酒造の業を代々つづけていた二木長嘯などは、そのよき無心の相手でもあり、書状にはしばしば恵与を願っている。また、越後から長さ四尺五寸、目方十貫匁余の神代石（石棒）を手に入れたのも、六十九歳のころであり（口絵）、同じく、越後の高田法順上人から日本無双の貝石をもらいうけ、「全昼夜肌を離さず弄翫」したのも、信州（長野県）から大雷斧（石斧）一つをもらいうけ、「さてさて未だ面会も致さざる他国の人の志の厚き事、千万忝、悦これに過ぎず候」とよろこび、早速台をつけて楽しんだのもこのころであった。

このころには、奇石を売りにくる商人もまたおり、石亭はこれらからも奇石を購入した。

実地調査

このように、収集欲は依然としてさかんであったので、老齢になっても実地調査の意欲を捨てなかった。尾州の徳川弾正大弼から近江の産石をさしだすように下命のあったときは、わざわざ田上山に参り、村々をたずねまわった。岩窟の話を聞いては、「その岩窟、穿鑿致したき物に御座候」と踏査への意欲も見せた（寛政元年正月十一日二木長嘯あて書状）。また六十五歳のとき、天明八年の十一月十六日には突然思い立って伊勢の国にゆき、弄石家の家々をおとずれ、

> 扨々後世可ㇾ恐、新好き中に夥（おびただしき）敷奇石共、目を驚し申候。殊に造物之工無尽蔵にて御座候。

と嘆声をはなたせた（寛政元年正月十一日二木長嘯あて書状）。そして十一月二十八日に帰郷した。

このようにして、六十歳の大病を機会として新たな活動があった。石亭がその

所蔵する二千余種の中、特にすぐれた石百種を選んでその図を名士三十余人に依嘱し、その叙言を一国一人の交友にもとめて、『百石図巻』と題する趣味の本をあらわしたのも、この世代のはじめのころであった。また、六十九歳のときには『舎利辨』と題する、仏家にいう舎利について従来の俗説を反駁した著書を書いた。

『百石図巻』

九　古稀の祝い

祝賀の宴

石亭は、七十歳になった。そして、その誕生日にあたる日、すなわち寛政五年(一七九三)十二月一日には、知人を招待し、祝賀の宴をもよおした。近いところに住んでいた木川(きのかわ)の西遊寺住職鳳嶺にも、口上をもって案内状をだしたが、その内容は次のようなものであった。

今日 拙老 誕生日御座候故、嘉蔵方ニ而(て)古稀賀筵相勤、昼時に麺(めん)類共麁飯(そはん)振舞申候。寒気厳敷時分御苦労ニ奉レ存候へ共、昼過嘉蔵方へ御光駕被二成下一候ハバ万々忝奉レ存候。八時ニ茶漬進上申上ゲ度候。諸方より到来之餝石共幷屛風を掛二御目一申度候。嘉蔵儀拙老より呉々御出駕被レ下候様ニ念比に申進候様にと申付候。矢倉へも御便り有レ之候ハバ、願行聖人御同伴被レ下候ハバ以レ猶大慶奉レ存候。

屛風の展示

この古稀の宴には、諸方から将来の餝石や、書画を貼りつけた屛風などを展示したが、これは、かねてから、その日のために準備しておいたものであった。たとえば、その年の六月十五日付の二木長嘯への書状を見れば、

拙老古稀賀章勧進之義、弥当秋中に貰集申度旨悴中居候。近比御面倒に可レ被レ思候得共、其段御承知御勧進偏に奉レ希候。尤屛風に仕立申度由に而紙に好なし、紙寸法も好み無レ之由に御座候。如何様に成共御認被レ下度頼上候。恐々謹言。（賀石亭主人古稀と申題にて）詩歌・連誹書画ともに御用被

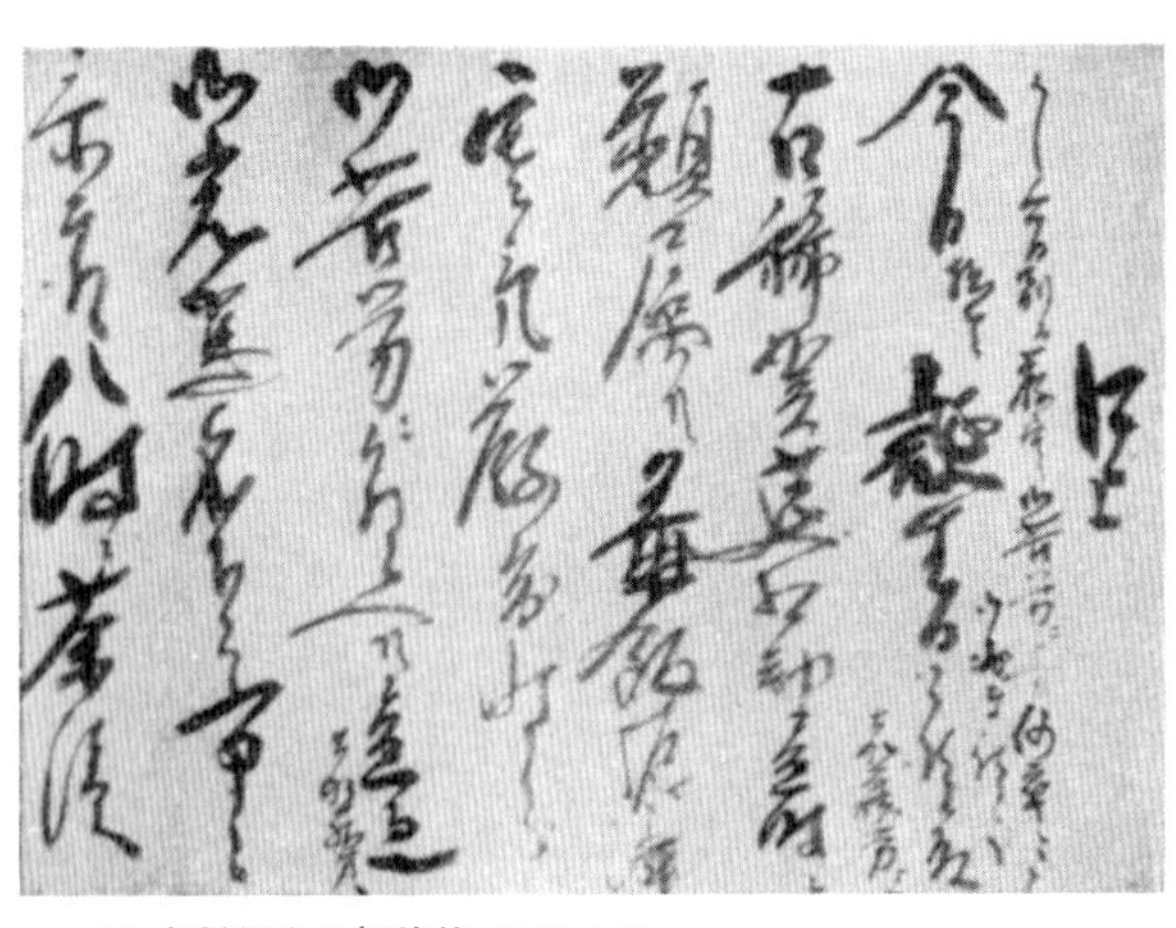

てた古稀誕生の招待状（西遊寺蔵）

口　上

尚々今日別而厳寒御苦労ニ候へ共、何
　卒々々御出奉レ待候。以上。
今日拙老誕生日御座候故、嘉蔵方ニ而古稀
賀莚相勤、昼時ニ麺類共麁飯振舞申候。
寒気厳敷時分御苦労ニ奉レ存へ共、昼過
嘉蔵方へ御光駕被二成下一候ハヽ、万々忝奉
レ存候。八時ニ茶漬進上申上ゲ度候。諸方
より到来之餝石共幷屏風を掛二御目一申度
候。嘉蔵儀拙老より呉々御出駕被レ下候様ニ
念比に申進候様にと申付候。矢倉へも御
便り有レ之候ハバ、願行聖人御同伴被レ下
候ハバ、以レ猶大慶奉レ存候。
一、大坂賀嶋屋より貴公に進候様ニと
て、大珍物参リ有レ之候。此方ニ預リ置
キ申候。御出之節呈上可レ申候。不□。

　　十二日朔日　　　　木内古帆

　西遊上人様
　　床下

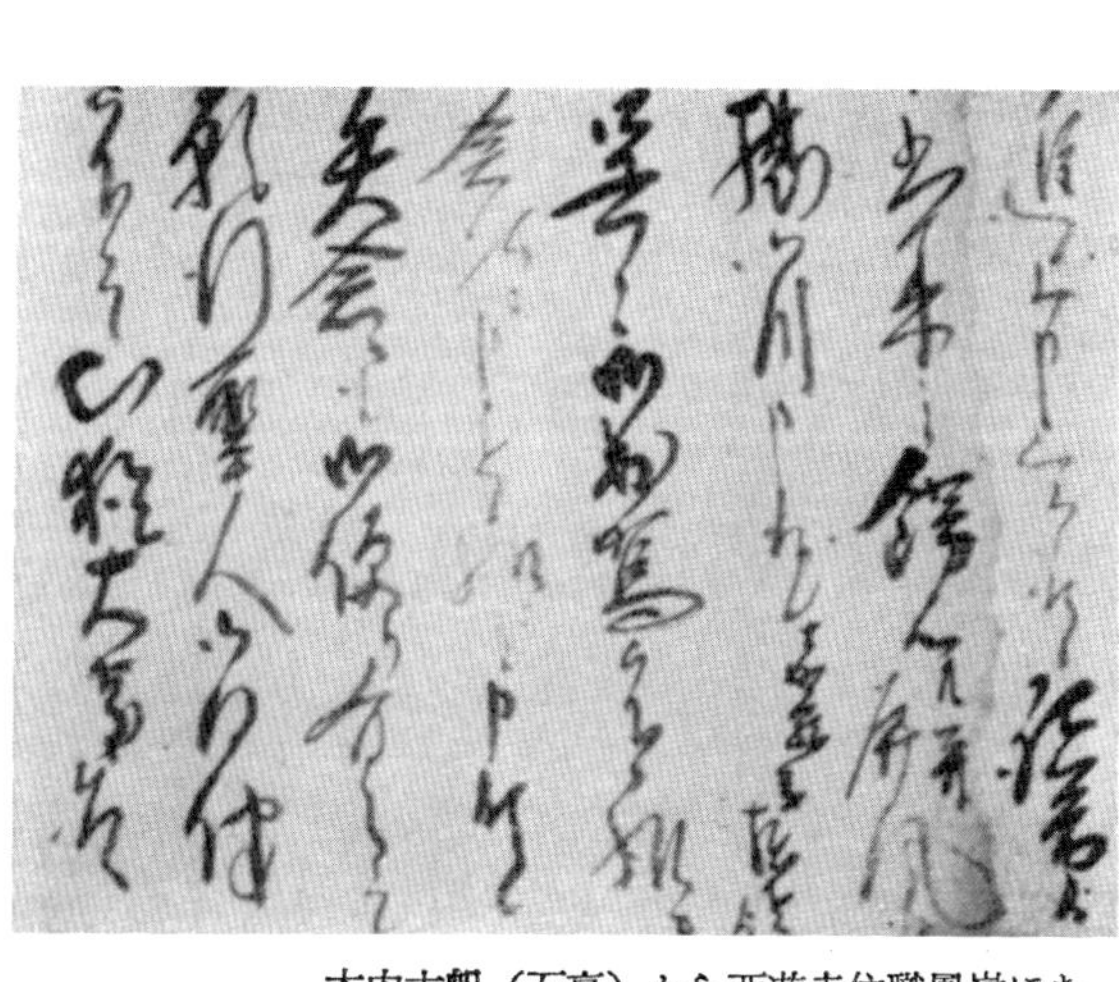

木内古帆（石亭）から西遊寺住職鳳嶺にあ

レ下候。

といっており、屏風の仕立のことに準備を怠らなかったことが知られる。

そして、翌年の春には、諸国の交友からも賀詞が寄せられた。中でも、大納言芝山持豊は次の和歌を贈った。

近江国山田村木内小繁は風雅の士なり。名石をすきてその数あまたもたりと聞きて

年々にあつめし石はよろこびのやどにつきせぬかずとこそおもへ

彼にとっては、幸福の春でもあった。

しかし、老齢の身には病もまた遠慮なく見舞った。この年八月十五日には発病し、やっと九月二十日に床をはなれた。

拙老儀も八月十五日発病に而大煩(おおわずらい)仕、漸々(ようよう)九月二十日比(ごろ)床を離れ、只今にては常躰に相成り申候。御安情可レ被レ下候。病中慰(なぐさめ)に如レ此の写本認(したた)め申候。諸方へ一冊づつ配(くばり)可レ申奉レ存候。御覧可レ被レ下候。御存(じ)の下地(したじ)悪筆の上、病後筆持候事甚(だ)六ケ敷、前後書認がたく候。御推覧可レ被レ下候。書余は追て可二申上一候。恐々不備。

(寛政六年十月十六日付二木長嘯あて書状)

しかも、この書状の内容を見ると、病気中もなぐさめに写本をしたため、これを一冊ずつ諸方面に配布しようとしたのである。彼のたくましい健筆さがしのばれる。

老衰のさびしさ

この病気がなおっても、七十三歳のころには眼病をわずらっている。そして、老衰のさびしさが、彼のまわりにただよってきた。寛政八年十月五日付の二木長嘯への手紙には、二木家の類焼の見舞文のあとに、

早速以二書中一御見舞可二申上一筈、拙老も老衰し、眼病長々困り、漸く此節全快仕候へ共、初の如には無レ之、一身には少々づつ申分出来、此節の事とは奉レ存候。

と述べて、その心情をうったえている。しかしその反面、石の収集については、石の魅力にとりつかれたように、依然としてたくましさがあった。この書状で、自分の老衰のすがたを綿々と述べているかと思うと、すぐそのあとには、

併、石は昼夜暫時も懈怠不レ申楽レ之罷在候。御安意可レ被レ下候。

と述べて、石の恵与を願っている。その後も、彼の収集欲は衰えることがなかった。ことに、石剱頭といわれた今日の子持勾玉や、その他の神代石の類については、新たな異常な熱心さをもって収集した。このころ、西遊寺鳳嶺にあてた書状の中に、自分のことを芋掘房とか玉掘房とかと記している。老齢の身でありながら、みずからも歩き、少しは土地を掘ったこともあったらしい。また、神代石の出土地について触れて、寺社の古跡や田畠より掘りだすこともあるが、山中何のわけもないところから出ることもあるという見解を述べていることも（寛政五年六月十五日二木長嘯あて書状）、みずからの足で歩き、実地について知り得た知識をもとにしたものであろう。

芋掘房または玉掘房

なお、これらの収集品については、あるいは懐中箱をつくらせて収めたり、あるいは台に飾るなどのこともやって、老いの日の落ち着きを見せた。

数々の著書

また、著述も活潑であった。七十一歳のときには、八月に『龍骨記』、九月に

『鏃石伝記』をあらわした。ことに『鏃石伝記』は、石鏃を中心として述べたものであり、考古学的な著書として注目されるものであった。また、七十三歳のときには、正月に『天狗爪石奇談』を著述した。

奇石会再興す

寛政九年十月には、近江の国の石山寺畔の、秋月館で、奇石会が開かれた。これは、石亭が老年となって、しばらく中絶していたものを、京都の菊居道人源光忠が会主となって再興したものであり、石亭にとっては、まことに有難い催しであった。この会の趣意書は、当然石亭のことにも触れているものであり、よく石亭の動向を知るとともに、奇石会というものの性格を推察することができる。

一、吾豊葦原中国は万国に殊れて、金鉄は論なし、珍玉・奇石の産甚夥し。然れども古より篤好みて愛賞する者なかりしに、湖東の木内先生出て翫石を唱てより、海内同志の徒競ひ起り、山に獵り、海に探り、品物日に開け、此道大に興れり。寔に先生の大功、亦昇平の楽事なり。

一、先生嘗てしばしば其徒友(とゆう)を平安に会し、四方の玉石を集め、自ら其品類を鑒定すといへども、今先生年老たるを以て、其事廃す。予聊(いささか)其癖を同(おなじく)するを以て、先生に請ひ、社友に議してこれを再興せんとす。

一、是時丁巳(ていし)十月上旬湖西石山に会す。これを嚆矢(こうし)とす。品物一百三十、来観の士、堂に満つ。自今以後、時月を約し

石会の趣意書

席を京都に布き、普く品物を集め、衆観批評を干むべし。同好の君子来顧せば幸甚ならん。

一、此会奇石を以て題すといへども、必しも珍奇玉石に止まるにあらず。草木介虫、其外器物の類にいたるまで、総て博識の一端にそなふべきものの、亦これを附するなり。

一、此会、翫石を以て主とし、旁衆物の品類を研め、有用を博むるにあり。故に毎物、各其産所を審にし、所以あるものは必其説を聞んことを要す。

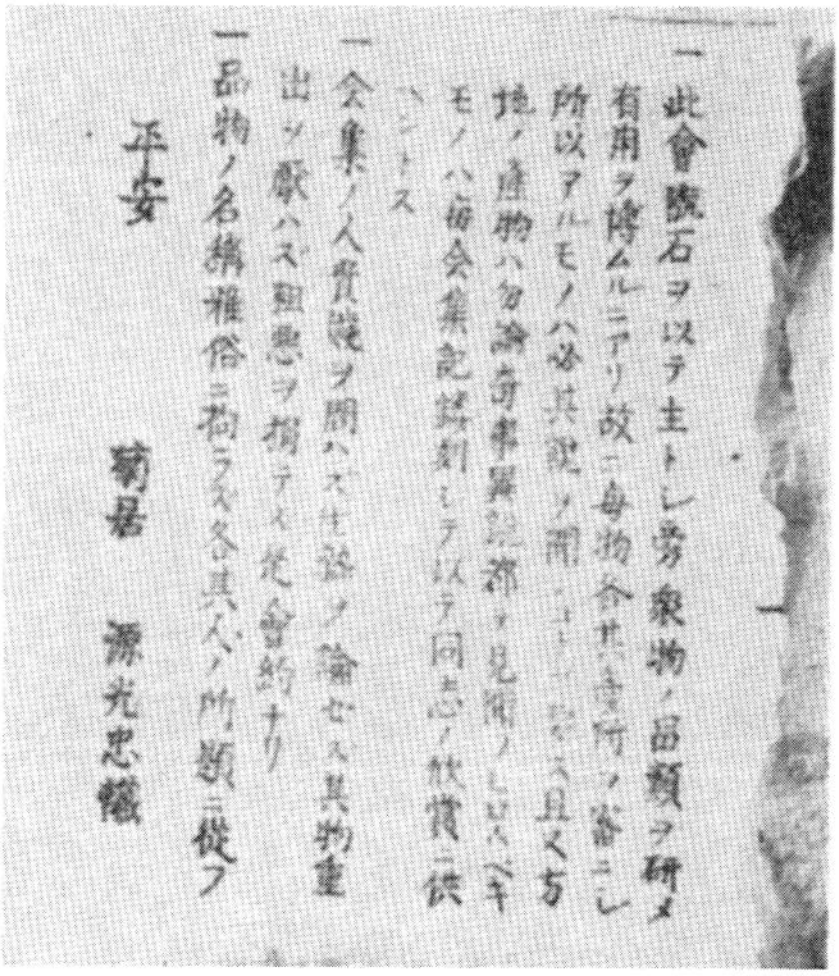

再興された奇

会集の人貴賤を問わず

且又地方の産物は勿論、奇事異説都て見聞をひろむべきものは、毎会集記鏤刻して以て同志の欣賞に供へんとす。

一、会集の人貴賤を問はず。生熟も論ぜず、其物重出を厭はず。粗悪を捐てず、是会約なり。

一、品物の名称、雅俗に拘らず、各其人の所題に従ふ。

というのである。

この会には、近江はもとより、京都・大坂の人や、加賀（石川県）・出羽の国（山形県）の人々二十一人が出品し、その点数百三十五品に

『東海道名所図会』に紹介された石亭所蔵品の一部

達したが、石亭も、白玉髄・玉英・五色瑪瑙をはじめ、逸品十二点を出陳させた。

『東海道名所図会』に紹介される

このころ『東海道名所図会』が刊行され、大坂や京都や江戸で販売された。この図会の中で、各地の名所旧跡とともに、木内石亭のことがかなり長文で紹介され、その収集品の中の奇石若干も図入りで掲載された。

これは、石亭にとって、まことに身にあまる紹介であり、その名が一般の間にも広く宣伝される機会でもあった。

なお、この中に、庭に松や桜を植えた住居の一端が紹介されており、その書院の席上から見渡せば、湖水を一眸の中に収めることのできる旨を記しているのは石亭の風雅な書院を彷彿させるものである。

記念碑の建立

寛政十二年(一八〇〇)七十七歳の年には、石山寺畔に、石亭を記念する碑が建てられた。石山寺には奇岩も多く、また石山寺には石亭と同好の仲間であった光圀上人も居住しており、石亭がしばしば訪れたゆかり深い土地であった。この碑については、『以文会筆記』の中に次のように記されているのである（三宅米吉編『以文会筆記抄』）。

石亭翁、石を好むこと甚し。江州石山寺の奇岩白瑪瑙最奇なれば、同国近辺と申し、一生に百度も登山して楽しめり。時の僧正も同好にてありしかば、石亭富小路殿へも石亭心事委しく申上げ、江州比良の麓荒川の石工へも通ひて、しかも急速に其碑成就せり。其石は石亭生国江州木戸産にして、彦根侯の竹生島に建て給ふ碑の半片なり。篆額は八分。其碑并銘、富小路殿御撰并御書也。但碑誰建つるといふ事少しわからぬと云ふ人もあり。重ねて其事を卿へにても奉レ願、其文を八分にして歟其碑陰にちりばめたし。

（寺井菊居）

これによると、奇石会の再興にも力をつくした源光忠が中心となったもので、石山寺は石亭が一生に百回も訪れた由緒深い地なので、これを記念するため、富小路良直卿に文と書とをたのみ、石材は石亭の生国近江の国木戸の産で、もと彦根侯（井伊氏）が竹生島にたてた碑の半分を利用したのである。

現存している記念碑

実は、私は、この文献で碑のことを知り、今日この碑が果たして残っているかどうかをたしかめたいと思って、昭和三十六年十二月のある日、石山寺を訪れた。石山寺付近をくまなく探しもとめるほかにすべはないと思っていたところ、はからずも、京阪電車で石山駅におり、進むこと約一〇〇メートル、道路に面し瀬田川にのぞんで、そのまま残っていることを知ったときは嬉しかった。碑身は高さ

石山寺付近に建てられた石亭登遊記念碑

一・九〇メートル、幅約九〇センチという大きい碑である。文字はかなり磨滅しているが、「石亭翁登遊碑」という題字ははっきりとあらわれている。拓本をもとり、全文の文字を丹念にしらべたが、判読に苦しむところが多い。しかし中には、海内の好奇なる者で翁の名を知らぬものはなく、ただわが国ばかりでなく、清(シン)や韓にもその名が知られているというような文も読まれた。寛政十二年三月に建てたもので、石はやはり比良山の石で、その山下の荒川邑の石工、今井重□によったものでもあることも知られた。

今日、石山寺を訪れ、瀬田川の清流を賞する人も多い。この道のそばに、石亭の記念碑がそのまま残っていることを知り、この碑前に足をとめる人は果たして幾人おるであろうか。

『雲根志』三編の刊行

七十八歳のときには、彼のライフワークともいうべき『雲根志』三編が刊行された。後編が上梓(じょうし)されてから二十二年の後であり、それだけ研鑽をつみ円熟した学風もあらわれており、石の分類を新たにするなど、いくつかの特色も見られた。しかも、彼は『雲根志拾遺』をも刊行しようとする意図をもったが、これは果たされなかった。

妻の逝去

このように、彼は、七十代という世代になっても、たくましく収集の意欲をもやし、『雲根志』三編をも刊行した。そして奇石会の再興とか、石山寺畔における記念碑の建立とか『東海道名所図会』への紹介など、晩年を飾るはなやかさも展開された。しかしその反面、家庭においては、一抹のさびしい影もあった。七十五歳のとき妻はなくなった。すなわち、寛政十年の九月十一日である。この消息は、同十一年九月に二木長嘯にあてた書状の中に記されている。

妻幷に忰へ御伝声忝（かたじけなし）。嘉蔵は八幡伴氏へ相続に遣し、只今伴伝兵衛と申候。只今は、嘉蔵弟を此方に引取文兵衛と申候。妻は極楽へ宅替致し、紅林院小儷月定と申し、去年九月十一日也。

家人への伝声をたのんできたのではじめて、昨年妻の死んだことや、悴嘉蔵を他家にやり、その弟を引きとったということを報告していることも、二木長嘯との従来の交際の密であったことを考えれば、何となく水くさいような感もあるが、むしろ彼としては、みずから進んで、家庭的なことを弄石の友に語るにしのびなかったのかも知れない。この文面で、はじめて妻の死んだことが知られるとともに嘉蔵の問題についても明らかにされているのである。

ここで再び、晩年の家庭のことをふりかえってみたい。悴の嘉蔵については、古稀のとき祝宴などをやってもらったが、この手紙で察すると、その後、八幡の伴氏に相続にやり、その弟を引き取ったのである。これがどんな事情によったのかは明らかでない。しかし六十歳のときにしたためた嘉蔵への遺言状から察しても、石亭の心に、嘉蔵に対する一抹の不安の念も去来したことは明らかであり、石亭にとって、必ずしも気に入った人ではなかったのかも知れない。とにかく、七十歳を越えて彼に当面したこのような家庭的な事件、しかも妻とも死別したということは、彼にしみじみと人生への悲しさを覚えさせ、大きい寂寥をも感じさせたことであろう。ただ、ここで一言したいことは、七十五歳のときに死んだ妻が、さきに述べたように、年若いころ禁錮の際にも苦労をともにした妻であったかどうかということである。彼の死後に建てられた墓石の銘文によると、「再び娶る。子なし」とある。もしも、七十五歳のときになくなった妻が若いときからの妻だったとすると、彼は七十五歳の後に再婚したということになる。この重大なことが、何ら述べられていないことや、その年齢の上から察しても、七十五歳の後の再婚は到底考えられない。そうすると、年若くて結婚したはじめの妻は、すでにいつのころか故人になったか、あるいは離縁して再婚したと見てよい。

再び娶る子なし

淋しい生活

とにかく、彼にとっては、いくつかのはなやかな舞台の裏の陰影であった。しかも訪れる弄石の友も次第に少なくなった。

秋已来、遠望之客来無レ之、淋しく暮
中候。

と西遊寺住職鳳嶺にあてているのも、このころの心境であったろう。また、二木長嘯へも、

拙老儀も大に老衰、埒もない事共に
御座候。 （寛政十一年九月晦日）

となげいている。

七十八歳のときには、辞世の句をつくって、西遊寺住職鳳嶺に贈っている。

公家不自由也、大名窮屈、儒者偏屈、
坊主我慢、神主哀なれば、

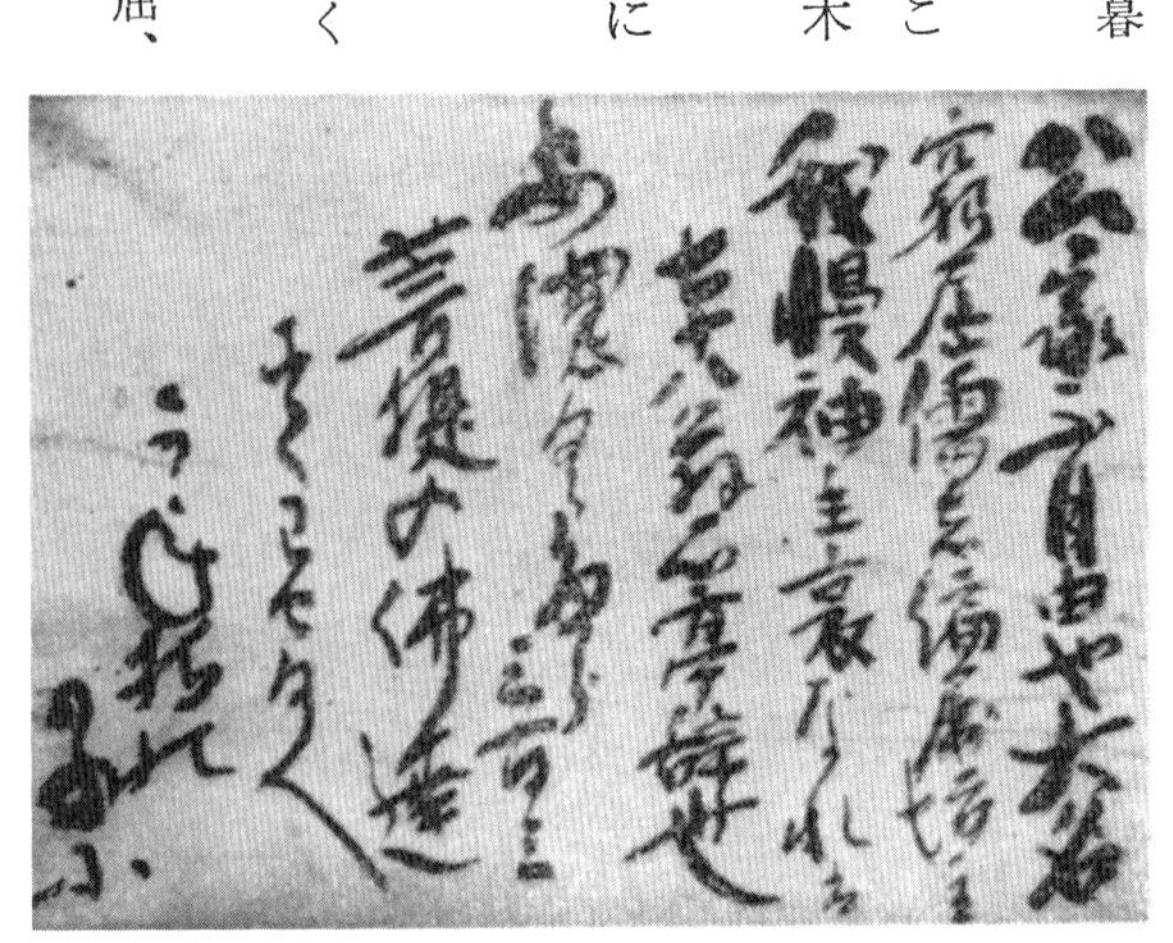

石亭 78 歳のときの辞世の句（西遊寺蔵）

七十八翁石亭辞世

安濃（あの）くたら三百三菩提の仏達（ほとけ）すくわせ給へかね持の子に

皮肉な辞世の句

七十八歳という、彼の老齢のもつ洒脱（しゃだつ）さがあふれており、彼のもつ皮肉な人生観すらあらわれている。

七十九歳のときには、大坂の木村蒹葭（けんか）堂もなくなった。年齢六十七であった。

扨（さて）古き友共追々に遠行、心細く淋しき事に御座候。

と二木長嘯にあてたのも、このときであった。

なお、晩年には、芋掘房とか玉掘房とかの名をつかうとともに、鳥礫（ちょうれき）道人ともいった。

一〇　その死

このころから、彼はその死期を知った。

来春の所無二覚束一（おぼつかなく）存候。仮令（たとい）存命仕候共、年内に表具致し一見仕度候。

と、二木長嘯にあてたのは、享和二年（一八〇二）で七十九歳のときであった。また、彼はこの書状の中で、

茶碗を贈り辞世の句をしたためている）

拙老も近々出立と被レ存候故、形見として手づくねの茶碗壱進上、御笑納可レ被レ下候。

辞　世

深草の大聖人の辞世は普く人の知る所

　ふか草の玄せい坊はしぬるなり我が身
ながらもあわれ也けり

拙老も是になぞらへて

むさくさの験気房はしぬるなり
我身ながらもあわれげもなし

三日朝　　芋掘房（花押）

呈

西遊上人
金猊下

形身の茶碗を贈る

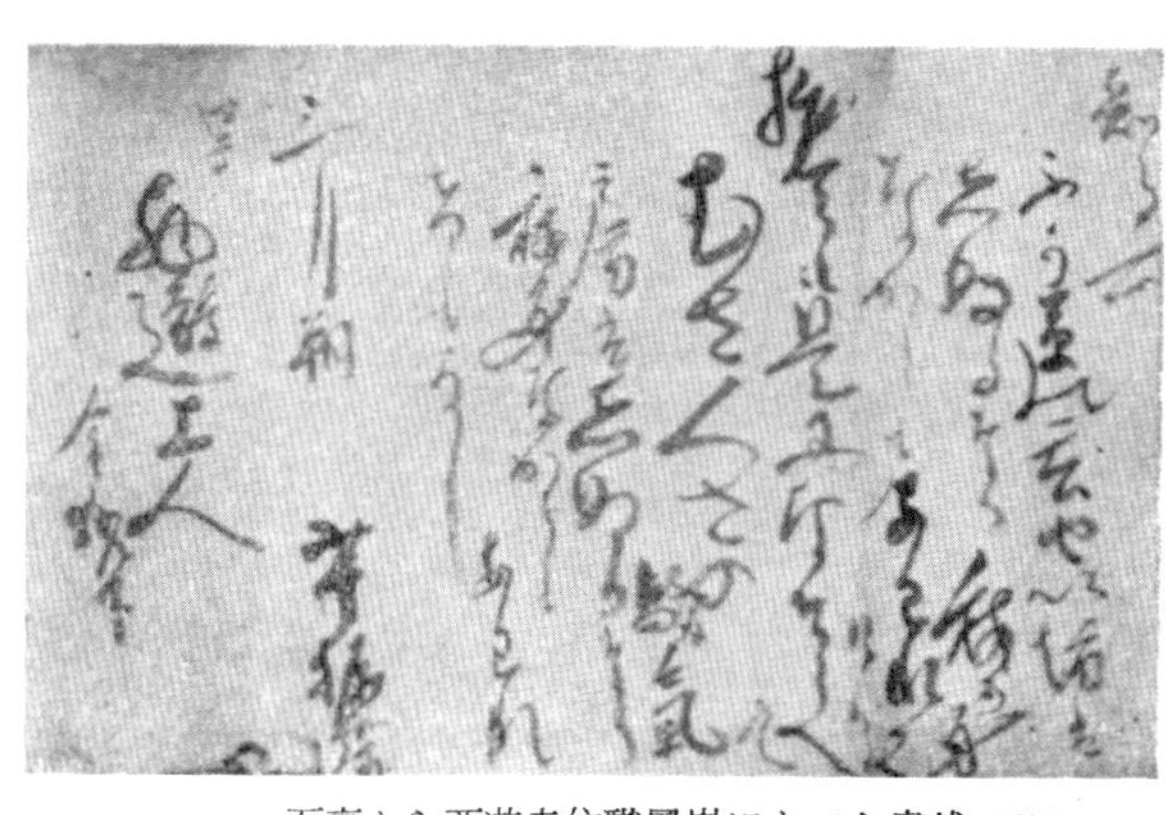

石亭から西遊寺住職鳳嶺にあてた書状（形身の

弄石も今年限りと被㆑存候故、俄に取に行(く)所もなく、買に遣候所もなく候得ば、同好と交易して楽しみ、命終(いのちおわりし)後は御示しその品は忰より御戻し申候様に申付置き可㆑申心底に御座候。

ともいった。西遊寺住職鳳嶺にあてて、形身として手つくねの茶碗一個を贈り、再び辞世の一句をそえたのも、このころであった。

　八十二歳のときには、その生家の氏神であった坂本村の幸(さいのかみ)神社に石燈籠二基を献じ、みずから銘文を記している。これは、前文でも折にふれて紹介したが、その全文を掲げてみよう。

小子年八十余、老いぬと雖も、益々壮にして、業全く名栄ゆ。実に斯の神の威に依る。性石を好み、珍奇なるもの家に満てり。之を玩び天を楽しむは、世に知らるる所なり。今、木内氏を冒すと雖も、もと社前拾井の家に生まる。老筆、書を題して神に献燈す。後来の二氏の子孫、永く昌え、家運、燈光とともに聯って輝くを是れ願うなり。(原文漢文)

文化二年大歳次乙丑秋八月

木内小繁藤原重暁

石燈籠の寄進

とある。

功成り名とげた石亭が、そぞろにその既往を回顧し、その幼年をすごした生家の氏神に献燈した心事も、想察に難くない。しかも、自分の死後を思っては木内家にも拾井家にも或る不安を感じたのかも知れない。二氏の子孫のますます家運隆昌であることを神に祈った気持もまた掬(きく)すべきであろう。

なお、この石燈籠について一言したい。文化十三年といえば、この石燈籠を寄進してから、十一年を経過し、すでに石亭がなくなって八年たった年であるが、この年に、京都の以文会のある会員は、たまたま坂本の地でこの石燈籠を見て、これを報告している。

> 文化丙子暮春、紫雲山来迎寺開扉(かいひ)に行きし時、坂本の地を経(ふ)る。路傍に小祠あり、華表(かひよう)あれども額もなく、神名も詳(つまびらか)にせず。農家の老媼(ろうおう)にたづぬ。大権

石亭が実家の氏神幸神社に寄進した石燈籠

現サイノカミと称す。祭事は五月十六日と云ふ。路傍左右に石燈籠あり。木内と書す。詳看するに、木内石亭の文なり。珍しき事と嘆ず。石亭翁は石品を蓄蔵すること世に其名籍甚たり。故に筆記して帰りぬ。文中に、拾井

石亭が幸神社に寄進した石燈籠の銘文の拓本

氏の家にて生ることをあぐ。翁は世に山田の小繁と呼ばるれども、産所をよぶものなし。只以文会中石品嗜好の人に告ぐるのみ。云々。

石亭がこの石燈籠を寄進してから三年たって、文化五年の三月十一日に、八十五歳の寿命を全うした。守山市（滋賀県）の今宿町にある本像寺に葬られた。本像寺の

本像寺に葬られる

住職日康は石亭の弄石の仲間であった。崐岡院小繁日暁居士と諡された。墓には、碑が立てられたが、これは姪にあたる伴能弘が建てたもので、阿波の国（徳島県）蜂須賀家の儒臣藤原憲が文を撰し、かつ書した。次に、

石亭の墓碑

その碑文を掲げよう。

君、族は木内、諱は重暁、石亭はその号、小繁と称す。淡海山田の人。祖は清富、父は重実。世々邑宰となる。伯兄伊興その家を承く。君、天資雅澹、湖東に棲遅し、利禄、心に経ず。幼くして他に翫弄なく、唯奇石これ好む。遠近捜索して獲ずんば置かず。しかも載籍石に渉るものは窺はざるあるなし。若し、試みに之を叩けば、応対流るるが如し。僧あり。鮓（鮓答（さたふ）、獣の腹中から出た石を意味する）を指さして曰はく、是れ病獣より出づるか。曰はく、知らず、舎利は病仏より出づるか。その率詣ることかくのごとし。晩節亭を作り、湖山を延眺す。香を焚き石を品し、以てその老を養ふ。声名益々高し。四方好事のもの、乃ち石を齎して以て至る。所蔵千数。その品皆絶佳なり。実に七十季にして精力の寓する所なり。余嘗てこれを観るを得たり。信宿わづかに畢れり。著はす所、雲根志・石筌及び百石図等。嗚呼、人の、その業における、君の石における如くんば、何ぞ成らざるを憂へん。是歳文化五年三月十一日終（おわる）。享年八十有五。再び娶（めと）る。子なし。守山本像寺庭隅に葬る。銘に曰はく。湖上の遺老、石を以て名を成す。水とともに同じく潔（きよ）く、石とともに同じく貞（てい）なり。

石亭墓碑の拓本

八秩（年八十を意味する）の後、斯の佳城に帰す。（原文漢文）

簡潔にして、よく石亭を論じてあますところがない。

石亭がなくなって、各地の奇石会のグループには少なからず衝動をあたえたことであろう。では、彼の死後の評価はどうであったろうか。いずれ、後文でも述べたいが、それから間もなく、文化九年（一八一二）に、源光忠が『以文会筆記』の中で、次のように述べていることを紹介して、ひと先ず、彼の生涯の記述について、筆を擱くことにしたい。

昔より是れを好める人もあれども、此翁、近世奇石家の祖と人口に申し、世上に名高く、奇石に大に癖ありて、其事実を糺し、丁寧に貯ふる人は、此翁はじめ歟。

一　彼の性格

奇石家といわれる人々

弄石家といわれ、奇石家と称されるものは、常人から見れば、とかくかわり種が多かったようである。方々から色々な奇石をあつめ、あるいは費用を惜しみなく投じて買いもとめ、家の中に所狭くしまいこみ、肌身をはなさず愛玩するというようなことは、これに関心をもたぬ人にとっては、全く奇人として遇せられたことであろう。たしかに、これらの仲間の人には、その行動に常軌（じょうき）を逸したような人もあったようである。さきに述べた銭笛道人といわれた人なども、その一人であったろう。

石亭は、早くすでに十一歳というときから石を愛し、そのながい生涯を通して石に執心した。「石よりほかに楽しみなし」とみずから語り、晩年には、人がたずねてきても、石よりほかに話することを禁じさせ、その人を二日も三日も逗留させて、石を見せ、石の話のみをなした。あるいは、かわりもののともいえるかも知れない。

しかし、彼の日常生活や素行は、果たして常軌をはずれた奇矯（ききょう）の人であったろうか。むしろ、彼は、心配のない経済的な生活を背景として、落ちついて静かに石に接し、石に盲目的な愛情を感じた人であった。二木長嘯や西遊寺の鳳嶺にあてた数多くの手紙の中にも、石に対する愛着の情は、しみこんでいるが、奇矯的な行動のあとは、いささかもあらわれていない。

石亭の人がら

彼は、早くから分家し、しかも、子がなく養子を迎えたが早世し、妻をも失って再婚し、また老年には再び迎えた養子をも他家をつがせるなど、家庭的には必ずしもめぐまれたものといわれなかったが、よくいくつかの逆境をもふみこえさせ、彼に石の長者としてのおのずからの風格をもそなえさせた。弄石の友の指導者ともなり、奇石会の盟主ともなり、そのよき人がらは多くの人から思慕され、信頼を寄せられた。これは、若いときに茶道を知り、多くの書籍にも接し、石への執心によっていくつかの困難をもふみこえ、旅によって多くの経験をも得て、学びとった彼の人間修業の結果でもあったろう。

文章は上手でなかった

彼は、文章もあまり上手でなく、必ずしも能筆家ともいわれなかった。二木長嘯に『神代石図巻』の序文をたのまれたが、その際、「御存の不文才、悪筆、恥入申候」といっているのも、謙遜の言葉ではなかった（寛政十一年九月晦日書状）。そして、あて字も多かった。たとえば、洪水を高水と書いたり、心一杯を心一盃などと平気でつかっている。また文章でも『奇石産誌』の中で、鏃石（やじりいし）の項で、「藤代村より上る池田山に多くあり。すべて近山に沢山也」と記したり、伽藍石の項で、「古渓の九景寺の谷川に存（そんす）。形凸にてがらん石の状にて、大さ桃栗或は茶碗ほどあり」と書くなど、拙（まず）い用例もあった。しかし、手紙などを見ても、また著書を通じても、その内容は一貫して筋が通っており、そこには飾らぬ巧みさもあった。しかも文体には風雅で特有の洒落気もあった。四十九歳のとき、弄石の友であった石部町の服部木石亭の還暦のとき、某氏が送った緋鯉に琴高仙人の乗った祝賀の画幅に、

諧謔の賛文

石亭は次のような賛をしている。

神農といふうつたり者、牛馬の真似して草を食たがる。釈迦といふへんくつ者、雨蛙の真似して蓮の葉に乗たがる。ここな親父は琴高仙人の真似したがる。世はさまざまの望ぞかし。讃する我は正真の気違。ゆるせゆるせ。

というのである。このような、彼のもつ洒落気は、晩年においてますます冴えてきた。さきに紹介したように、七十八歳のときの辞世も、公家・大名・儒者・僧侶・神官をけなし、仏歌をもじって歌をつくった諧謔なものであった。その後、

辞世の一句

再び西遊寺住職に、手づくねの茶碗とともに寄せた辞世の句も、次のようであった。

深草の大聖人の辞世は 普 人の知る所

ふか草の玄せい坊はしぬるなり我が身ながらもあわれ也けり

拙老も是になぞらへて

むさくさの験気房（げんきぼう）はしぬるなり我身ながらもあわれげもなし

諧謔を交え、人生をさとりぬいた禅僧のおもむきもあるのである。

また寛政八年のころ、二木長嘯が類焼の不幸にあったとき、

人生涯中には吉凶様々成る事有レ之所に御座候。　（十月五日書状）

と記して、なぐさめているのも、老境に入って、人生を知りつくした彼のいつわらぬ心情の吐露（とろ）でもあったろう。

日本人という印譜

なお、彼は『雲根志』前編の序文や『龍骨記』の奥書の印譜には、「日本人」と記した刻名をつかっている。西遊寺に保存されている彼の筆跡の中に（口絵参照）、

君が代は千世に八千代に礫（さざれいし）の
巌（いわお）となりて苔のむすまで

奉八十三翁謹書

幷一句

下からよみや男ざかりじや花の春

芋掘房

とあることとともに、彼のもつ思想の一端をも知ることができる。

石亭の晩年の日常生活は、琵琶湖を望見することのできる静かな居宅で、香をたきながら石を愛玩し、かたわら書画をもたのしむ静かな余生でもあった。そのころの服装は特色あるものであったらしい。

石亭の特異な服装

拙老、常に用申候礼服は、漢衣と申物を着仕(ちゃく)候。羽織の様な衣の様な物、腰より下にひだ多く有レ之、紋しやにて、紫色胸細長く大房あり。

と、二木長嘯あての手紙(享和二年八月晦日)に記している。

石亭の印影

第二　石亭の業績

一　蒐　集

石亭を大きく特色づけたのは、奇石の蒐集であった。「石の長者」といわれ、その名が広く喧伝（けんでん）されたのは、彼が全国にわたって奇石をあつめたためであり、彼はこれによってその真面目を発揮し、その人生を意義あらしめた。彼はいわば蒐集の鬼でもあった。天明三年（一七八三）六十歳のときに遺言状をしたためたことがあったが、その中に「我等生涯石に心魂を投打（なげうち）、実に菽麦（しゅくばく）も辨（わきま）へざる身として六十余州の人に知られ、高位貴官の尋（ね）にも預るは、石の徳ならずして何ぞや」といっているのも、みずから石を蒐集した徳をみとめたものと考えてよかろう。しかも、つづいて「死後心に残るは石也」といっていることは、蒐集した石への愛着を率直にあらわしているものといえる。

蒐集した奇石の数量

彼があつめた石が果たしてどの位あったかについては、石亭に寄せた交友の賀詞の類や『東海道名所図会』の記載によっても、その一端が知られる。たとえば、安永・天明年間(一七七二—八八)に編した『百石図』によると、飛驒の国(岐阜県)高山の福島屋滄洲(そうしゅう)は文を寄せて、石は古器化怪(かい)の物に及び、ほとんど三千品に近いといっている。また、同じく安芸の国(広島県)の平賀惣右衛門も約三千種であると述べ、筑後の国(福岡県)柳川の由布多牧も、三千余品の玉石といっている。石亭が七十歳の春になったとき、方々から寄せられた文の中にも、泉涌寺(せんにゅうじ)の僧宏雲は、「仙翁愛する処の石三千」と記している。これから察すると、弄石家の仲間では、石亭の蒐集品をおよそ三千点と見ていたらしい。しかし『東海道名所図会』には「山田石亭翁は古今の名石家にして、奇石怪石数品を蔵(おさめ)て、都(すべ)て二千余種あり」とある。漠然と

凡そ二―三千点

いって二―三千点に達したものと考えてよかろう。しかし、これらは他人の憶測であり、最も的確な数量は、一応石亭みずから記録したものによるべきである。彼は、『雲根志』前編の中に、「今求め集むる処、石凡二千余品」と記し、また、同じく後編の中に、「予、石を愛する事五十余年、今已に二千余品を蓄ふ」と述べている。その後、晩年にはもっとふえたことは考えられるが、やはり二千品から三千品の間というのが真相であろう。これらの中には、鉱石類や愛玩的な石や考古資料など種々な範囲にわたったものがあったわけであるが、特に彼みずから自慢するものもあった。

蒐集品中の逸品

彼の編した『百石図巻』は、その貯蔵している奇石の中、一百種を選んで都鄙の名画工三十余人にたのんで図をもとめ、さらに一国一人の有名人に勧進して序文を得たものであるが、この百種などは、蒐集品の中の逸品でもあったのだろう。また、彼は『雲根志』前編の中で、二十一種珍蔵という項目を設けたことも、二十一種という限定した優秀品をもっていたことを示すものであろう。この二十一種とは、次のものであり、これによって彼の蒐集した範囲の一端もわかる。

葡萄石　玉釜(ぎょくふ)　錫悋脂(しゃくりんし)　天狗爪石　金剛石　木化玉　石瓜　石梨　石卵　ナンダモンダ　青玉髄　黄玉髄　赤玉髄　白玉髄　黒玉髄　剣石（二品長九寸余、一品七寸）　舎利母石　貯水(みずいり)紫水晶　貯水白水晶　仏光石（黒石に仏光の紋あり）

また蒐集品の中で特殊なものは、その数もわかる。たとえば『雲根志』後編巻四の鏃石の項で、「予、鏃石一千種を蔵す」とある。この中で良品は七百余点ばかりあったことは、二木長嘯あての書状の中に、「拙蔵鏃石も、少しも疵(きず)なし七百余品」云々(うんぬん)とあることでも知られる。また「石剣頭異体奇品七つ」とあることも、子持勾玉(こもちまがたま)の類の蒐集の数がわかる（寛政十二年四月の書状）。「拙老も神代石百品ばかり所持仕り候」との文（寛政五年六月十五日二木長嘯あて書状）も、神代石の類の所蔵点数を示すものであろう。他に、貝化石のようなものについても、『雲根志』前編には「貝化石一百余品」とあり、このころの数量が考えられる。

なお、彼の蒐集の範囲は、単に郷土にあたる近江の国に偏せず、ほとんど全国にまたがっていたことも一つの特色であろう。

石亭の蒐集したものの具体的な示例及び分類の実際については、幸いに、寛政十二年三月に、飛驒の国高山町の大坂治助なるものが、石亭宅を訪れ、つぶさに蒐集品を見せてもらい記録した資料が残されている。『江州木内石亭翁蔵奇石記』と題するものである。大坂治助は桃林と号し、誹諧をたしなみ、書画骨董（こっとう）を愛し、旅行を好んだ人で、大坂七右衛門と同行し、それぞれ一人ずつ従者をつれて、三月二十一日出立し、二十七日に石亭宅に一泊し、それから京都・大坂を経て西国方面にも旅行して、六月二十九日に帰宅した。この記録資料は高山市の小森氏所蔵のもので、長谷部言人博士も注意し紹介されたが（「福島滄洲と二木長嘯亭」『ひだびと』第八年第三号）、次にそ

『石亭翁蔵奇石記』

の品目を掲げよう。

箱入台之物

一番

一、貝石（箱入十種）

二番

一、石筍（せきじゅん） 一、孕石（はらみいし） 一、宝珠石 一、石卵 一、鑽螺石 一、三稜石 一、石芝 一、ケイ石 一、象之珠 一、鮓答（馬腹中より出） 〆十種 台之物

三番

一、樫丸皮化石 一、乱材化石 一、合観木（ねむのき）化石 一、榎化石 一、白樺化石 一、楊梅（やまもも）化石

四番

一、仏頭石 一、後光石 一、桜花石 一、生魚石 一、蝸牛（かたつむり）石 一、板屋

龍骨の類

介化石　一、石卵　一、石肝　一、銭石　一、松皮化石　一、餡餅石　一、

釘撃石　〃十二種　一、貝石

五番

一、海鉄炮　一、龍腕　一、龍骨　一、龍角　一、龍背　一、龍歯　〃　一、

舎利廿種　〃

六番

一、玉髄六種　一、木化石六種　一、木葉石六種　一、石芝六種　一、蟀(こおろぎ)

化石六種　一、金鉱石六種　〃

七番

一、木葉化石廿種（内、石炭実石壱、江州鎌掛山、同壱、尾州師崎）

柳箱

神代奇石壱箱

一、石板六つ　一、石劔刃五つ　一、石弩（いしゆみ）四つ　一、曲玉八つ　一、ダンガンウツハ入六　輪三つ

八番　壱箱

一、伊志都異（いしつい）　一、大雷斧（らいふ）　一、雷斧　〃

九番

一、□一種　五箱

十番

一、玉筆　四箱

十一番

一、玉髄箱　一、鉄樹文台　一、槇柱宝へイ　一、月之珠　冠台　一、羅漢石　月並盃　一、蜈蚣（むかで）石　蔦桶　一、波茸石台　一、大蛭（おおびる）石台　一、子花台

一、　カキツバタ石　台　一、雲龍石　台　〃

一、海払子　先住台　一、琉球珊瑚　ヒバリ台　一、石桂芝　八橋ツクエ　相台トモ　一、自然銅　スイカ盆　一、石綿　ユスル円　一、山姑養　唐草　〃

堆朱箱入五重に収めた珍蔵品

一、加州大正(聖)寺城主松平飛驒守様より拝領石壱箱　五重　〃

一、弐拾壱種　堆朱(ついしゅ)箱入　五重

一、(葡萄石、金剛石、魚紋石、山神太鼓)　二、(紫水晶、黒石、奇石、琉球石、梨子)　三、(青玉随、雷クシ、鉄クサリ化石、八方タガネ　〃)　四、金剛保石、ナンダモンダ　ゴゼ貝化石　八屋柿化石　〃)　五、(琉球石爪赤玉随　ヂヤコウ石　玉釜　〃)

一、曲玉　二ツ坪ニ入　黒箱入二　〃

一、同　三ツ坪入　堆朱ホリ塗籠入二

一、同　拾坪入　乱坪色黒

一、同　八坪入　乱坪

神作

一、石帯六（能登ニテ産）　一、狐ノミ　カンナ（越後ニテ産）　一、山姥(やまんば)ノミ、カンナ

神作

一、□（江州ホリ出、白川松平越中守様御銘）

一、矢ノ根　六本

神作

一、太刀　一、天狗飯カイ（十枚）〃

一、曲玉　拾　〃　一、クダ玉　拾

以上の記録から見ても、石亭は一応よく分類し、台にのせたり、五重の箱に収めたりして展観の便に備えていたことも察せられる。この種の五重の箱などについては、後文にも触れて見たいが、とにかく彼の蒐集の状態を示すものであろう。

後光石をようやくゆずりうける

このような数多くの蒐集は、結局、彼の熱意によるものであった。彼の蒐集の情熱こそ異常なものがあったのであり、彼は、一応自分で欲しいと思ったものは、どんな手段を講じても、その目的を完徹せずんばやまずという気魄があった。彼の墓碑の文の中に、「遠近探索して獲ずんば置かず」とあるのも、必ずしも過言ではない。こんな話もある。美濃の国野中村の正伝禅寺の住職は奇石を集めるのが好きであったが、その数百品の中にことに秘宝としている後光石というものがあった。石亭はこれを欲しいと思っていたが、住職はどうしてもゆずろうとしなかった。やむを得ず、石亭の所蔵品で、かねがね住職もほしがっていた出雲の玉造から発見された勾玉と交換して、やっと手に入れ、その後石亭の家宝としたという（『雲根志』三編）。

寛政十二年（一八〇〇）に二木長嘯にあてた書状の中に、

あはれと思召、何成共御恵奉ㇾ希。御望に候はば、此方よりも何成共呈上仕候。

とあるように、同情に訴えるような表情も、蒐集ということに執心した石亭の面目の一端を示すものであろう。

石亭の書いたものに、よく夢の中で手に入れたような話があるが、石を蒐集することに全神経をつかったため、夢と現実とが錯綜（さくそう）して、このような夢物語も生じたのであろう。

運送に便利な位置

彼が、数多くの奇石を蒐集することのできたのは、もとより彼のたくましい意欲のためであるが、彼が自由な立場にあり、生活にめぐまれ、全国的に旅行して弄石家の中心となっていたことにも帰すべきであろう。しかも、京都に近く居住し、琵琶湖の港津にあって、運送の便にめぐまれていたという地理的条件をも無視することはできない。たとえば、越後から「長さ四尺五寸、掛目十貫匁余」の石棒を運んでもらったときは、「越前敦賀に舟にて廻し、七里半馬にて出し、海（かい）

津(つ)より湖上の舟にて大津へ出し、大津より山田浦に着く」ような手配を行ない、舟の便を十分に利用した。

蒐集の方法

彼の蒐集は、実際にどんな手段で行なわれたのであろうか。

旅行による直接の採集

その一は、彼がみずから旅行し、みずから採集したものであった。さきにも記したように、彼の全国的にくまない旅行は、彼にとっては奇石採集の旅であった。山を歩き谷を徒渉(としょう)し、自分で奇石を採集した。『鏃石伝記』の中に、

美濃国に遊行すること数度、終日広野を尋て、石鏃を二十本・三十本拾ひたり。

といっているような熱心さであった。もっとも、みずから歩いて採取できなかったものは、現地の所蔵者をたずねて懇願することもあった。とにかく、旅による採集であった。

人からの恵与

その二は、人からの恵与であった。『雲根志』等には、誰からもらったかを記

している。たとえば、「丹後国(京都府)宮津の人、予に漆(うるし)の化石なりとて恵めり」などである(後編巻の一)。しかも、彼は積極的に無心した。ことに、飛驒高山の二木長嘯などには、かなり遠慮ない無心を行なった。

無心のことについては、二木長嘯あての手紙にしばしばあらわれているので、一々その例をあげることにわずらわしいほどであるが、しかも、中には類焼の見舞状をだし、その見舞の文につづいて、早速鏃石や神代石などを恵与してほしいといっているほどで、常軌には考えられない強心臓振りを発揮しているのである。

未知の人からも寄贈された

また、彼が蒐集家として有名になるにともない、近在の人も奇石を見付けると、彼の宅にもってきて寄贈することも多くなり、遠方の未知の人もまた、彼に好意を寄せることも少なくなかった。「信州より大雷斧一つ貰ひ申候。(中略)さてさて未だ面会も致さざる他国の人、志の厚き事千万忝(かたじけなく)、悦これに過ぎず候」(二木長嘯あて寛政三年正月二十一日書状)と述べていることなども、はるばる信濃の国の未知の人から石斧(せきふ)を寄せられた一例である。

その三は、交換であった。彼がみずから採集し、または寄贈を受けたものにも限度があった。ことに同好の友人の間では、自分だけが寄贈を受けるだけでは、やがて行きづまりが生じ、一つの限界に達することは当然のことで、みずから与えるものをも考えなければならなかった。いわば交換の手段を講ずることであり、石亭は同好の友人の間にしばしばこれを行なって、みずからの蒐集品を整理するとともに、これを一層増加させた。ことに、露骨に、交換物資として蒐集することもあった。

鏃数々御恵み被レ下忝奉レ存候。諸方への交易物に可レ仕と大慶仕候。

（寛政九年三月廿五日二木長嘯あて書状）

とあることや、

花生石二つ御恵投、忝く、同好に遣し交易可レ仕と奉存候。

とあることなど、交易物ということをはっきりと意識して無心したものであった。

（寛政二年八月十四日二木長嘯あて書状）

金銭で購入する

その四は、金銭をもって購入することであった。

此間紀州湯浅と申処の者之由にて、奇石を商に参り申候。雑石共に候へ共、中に十五－六種は珍敷物も御座候。拙老も石剣頭と、曲玉壱つと、雷角と申物と、三種求め申候。

三種共紀州日前宮と申大社の山にて穿得候由申候。三種共上品物にて慶申候。（寛政元年九月七日二木長嘯あて書状）

奇石商人

とあるように、当時奇石を商売にする人もはびこった。「濃州より売物沢山に差越申候」（西遊寺鳳嶺あて書状）というように、商品として取扱われたこともあった。石亭の宅などは、このような奇石商人などもしばしば訪れたことが想察される。石亭などは、これら商人仲間にとっては最もよき顧客であったろう。しかも、価格の折り合いがつかず、購入の機を美事に逸した話などもあり、その買い入れる価格は必ずしも商人のいう通りではなかったことも知られる。すなわち、寛政九年の十一月上旬、美濃から商人が天狗飯七十枚を売りにきた。価格は二百疋という。石亭はこれを一歩二朱に負けさせようとした。交渉は成立せず、商人は売らずにもってゆき、大坂方面にいったのである。石亭は、あとでこれを残念に思い、二木長嘯にあてて事情を述べ、是非これに代るべき同種の品を配慮してくれるように懇願した。

奇石の価格の一例

なお、奇石の各種のものの価格については、この天狗飯七の類でも一端がわかるが、随所にあらわれている石亭の書状などからも、いくつかの事例をみちびきだすことができる。二―三の例をあげれば、石斧は百疋、鏃石は普通一本十五文―二十文、上品異形で一本一匁或いは一匁五分というところであった。

また、奇石の蒐集購入のため、自分がゆけぬ場合には、人を派遣したこともあった。『天狗爪石奇談』の中に、「天明五年七月大津中町植木屋五郎と云者を能州（能登、石川県）へ「奇石尋ねに遣しけるとき」云々とあって、わざわざ能州まで大津在住の人をつかわしたこともわかる。

借りるために質物を入れる

また、同好の友から寄贈または交換されないものは、しばらく借り受けて愛玩するということもあったが、この場合は石亭の方からも質物として、何ものかを借してやることも習慣であったようである。

このように、彼の蒐集はあらゆる手段を講じており、しかも積極的であった。もっとも、このような蒐集の場合、当然疑わしいものはこれを見合せた。「木爪屋神代物任〆命取寄せ一見候処、甚疑（うたがわしき）敷物云々」（西遊寺住職鳳嶺あて書状）とあるように、彼には彼特有の鑑識眼をもっていたのである。

彼の鑑識眼

このようにして収集したものについては、いつ、どこで得たか、誰からもらったかなどを丹念に記録し、その品に添付しておいたようである。これは、資料と

分類整理の方法

しての取扱いでは当然のことであるが、実際はなかなかできないものである。彼は単に奇石を愛玩したばかりでなく、資料としての価値を十分生かしたものといわなければならない。しかも、これらを分類し整理した。その一端は前記『石亭翁蔵奇石記』の手記でも知られるが、整理の方法としては特殊なケースに入れることが普通であった。たとえば「五重一箱は小形の神代物百品附け申候」のように、五重一箱の懐中箱なども便利な整理ケースであった（寛政十二年四月二木長嘯あて書状）。また、

小鏃一千品、上品斗り一筥に打込置申候。（中略）二寸以上の物は漸々十七―八本所持仕候。五十本に仕、一筥に入れ楽可レ申歟。（『鏃石伝記』）

というような分類をなして箱に収めた。ことに、石鏃などの小さいものは、箱の内底にうちこんで移動をさけたり、簡単にとりあげることをさけたらしい。前記の二十一種の珍蔵品などは、『石亭翁蔵奇石記』によってうかがえば、堆朱の箱に収め、五重ねのものであったようである。

五重一箱の整理ケース

五重一箱というような整理ケースはどんなものであったか。幸いに、西遊寺には当時鳳嶺道人の所持していたものが残されている。紙でつくった方形の浅い小箱を八つ収めた平たい木箱を五つ重ねて引出しにしたものである。紙の方形小箱には、縁に金襴をはりつけ美しく飾っている。当時弄石家の間に流行した整理ケースの一つの型であったろう。なお特殊な奇石などは台飾にのせて愛玩した。

贈石目録

これらの蒐集品については、石亭は毎年贈石目録をつくって、同好の士に領布した。いわば、新入手資料の公表でもあったわけである。

当時の遺物整理ケース（西遊寺蔵）

二　著作

上梓された『雲根志』

石亭の業績として著しいことは著作であった。彼は、その著述によって、「石の長者」として広く名が知られ、同志の間に確固たる地位を占めた。また、その著述によって、彼の真価が世にみとめられた。彼の著述は、四十九歳から七十八歳の間に行なわれた。しかし、実際は、彼の著作の中で上梓（じょうし）されたのは『雲根志』だけであり、その他は写本であった。彼は、みずから著わしたものをよく同志にわかち貸し、筆写させたのである。また『雲根志』三編には『諸国産石誌』や『雲根志』拾遺の刊行を予言したが、これも上梓されなかった。当時の出版情勢はなかなか困難であり、必ずしも彼の思うままにならなかったようである。

『石亭著述書目』

彼の著書の一覧を知るには、彼みずからしたためたものによることが確実である。七十一歳のとき、すなわち寛政六年（一七九四）正月に、『石亭著述書目』をみずから記し、解説を付している。これによると、次のものがある。

雲根志・石亭石譜・百石図巻・大石之図巻・奇石産所記（奇石産誌）・石亭千臑録・曲玉問答・鏃石伝記・龍骨記（龍骨辨）・舎利辨（舎利之辨）・爪石奇談（天狗爪石奇談）・神代石之図（神代石図巻）・社中奇石ノ図

以上十三種である。これらの中、『石亭石譜』のようにその写本すら今日伝えられていないものも見受けられるが、『百石図巻』『奇石産所記』『曲玉問答』『鏃石伝記』『龍骨記』『舎利辨』『爪石奇談』等については、写本ものこされている。また中川泉三氏の努力によって『石亭全集』の中に収められたものも多い。他に『神代石之図』については、長谷部言人博士によって、東京大学人類学教室に所蔵されていることが確認された。私は、博士の好意によってこれを借覧することを許されたが、『百石図巻』をはじめ『曲玉問答』『鏃石伝記』等は、西遊寺所蔵の写本等によってしらべることができた。これらにもとづき、その著作の内容をうかがい、写本の残存していない分については、『著述書目』の中の解説でその一端をたどることにしよう。

『雲根志』

彼が、そのながい生涯にわたって大成させたもので、ライフワークともいえる。前編・後編・三編が次々に上梓された。すなわち前編の六冊は、安永二年（一七七三）九月に、大坂心斎橋通南久宝寺前町の書林高橋平助が上梓したが、江戸前川六左衛門・京都斎藤庄兵衛の書林の名もつらねられており、当時としては、広い販売網をもった。大坂の書林高橋平助は主人名で、興文堂・五車堂の書林名をもっていた。脱稿は、その前年安永元年で、石亭が四十九歳のときである。巻一から巻五までで、その中各巻一冊ずつであるが、巻二のみは、上下二冊にわかれた。巻末に木村蒹葭堂の跋文がある。つづいて、後編が上梓された。これは、巻一から巻四までに編成し、巻一と巻三とはそれぞれ二冊にわけているので、やはり六冊からなっている。この後編の奥付には、安永二年となっていて、前編のものと同じものをつかっているが、これは書林の営業上のもので、実際は、後編の序文には拙巣山人の序があって、安永己亥暢月と記されている。己亥の年は安永八年にあたるので、同年十一月の序である。したがって、この上梓は安永八年と見てよい。三編も同じく高橋興文堂からの発行で、享和元年（一八〇一）である。後編発行におくれること二十二年で、石亭が七十八歳のときである。六巻で、一巻ずつ一冊に収め、都合六冊である。これには伊勢の荒木田久老（五十槻）が序文をかき、浪華の藤井元粛が跋文を書いている。

『雲根志』の名

さて、『雲根志』の雲根の名には奇異を感ずる人もあろうが、雲根は、雲は山より生ずるというので山の高処を意味するとともに、雲は岩石の間より生ずるというので石をも意味し、石の別名である。したがって、その名の如く、全国における石に関する集成的なまとめである。この発行の趣旨については、前編の木村蒹葭堂の跋文によってうかがって見よう。

淡海(おうみ)の湖辺にすめる木内(きのうち)の翁(おきな)、わかきころよりひたすら石を好みて、みづから石亭と称す。其人さま・こころざし、昔のかしこさにたぐひぬべし。こゝの国にあるほどの石をば、高き山の峯・ふかき海のそこまでも人にもとめ、みづから尋てなほあかず。飛東のくにまでもひろくさぐりて、集おきける石の品は、千はしにもあまりぬべし。これをたゞにおかむも本意(ほい)なしとて、これの名をたゞし品をさだめて、みづからもてる外(ほか)、とをき国々にありて、人づてにのみ聞けるまでも、石にかゝれることを残りなく筆にしるし、とめをきけるふみと、まき名を雲根志といふ。

『雲根志』の広告文

なお、書肆の宣伝文を記して見よう。この宣伝文は、三編上梓後、全編を再発行した際、三編の奥付のあとに記されているものである。

此書は、諸国の名石・玉石、郷人の云伝る者を拾ひ、幷に諸家珍蔵の奇玩、及び小繁(こはん)先生年来捸(とり)収る諸名石数品集め、悉く注釈す。且先年小繁先生諸国紀行の折、奇々妙々不思議の事ども、其儘書顕はし、諸名家の珍説を挙(あげ)て奇石家・産物家・本草家の便とす。まことに此書を見れば居ながら諸国行脚の心地し、名産・名所・古今の不思議を知るの書なり。西遊記などいへる書よりも面白し。前編より今三編に至り既に板行し、日々流行海内に行はる。

これは、もっとも発行所の宣伝ではあるが、内容の一端を知るとともに、刊行のねらいをもうかがうことができよう。

『雲根志』の編集については、石亭が、その『著述書目』で、費用がかさばるので、できるだけ売って利益をつけることをもっぱらにし、したがって、漢文を去り和文をへらし、俗書に近いものとしたといっているように、必ずしも石亭の本意の理想的なものではなかったようである。その内容は、自分であつめたもののほかに聞書や文献によったものについて、奇石に関する収集を集成し解説したものであり、ことに、彼がみずから旅行してあつめた各種の資料がもとをなしていた。いわば、足でまとめた著書でもある。他に、各地の弄石の友からの資料も多く、彼は、これを計画的にあつめた。たとえば、二木長嘯への手紙の中には、

角川村（郡村名、御聞紀被レ下度候）之中、小保井谷及二屋村蛇岩之説甚面白き事、雲根志続編に出し可レ申、大慶仕候。外に奇談も御座候はば御聞紀奉レ希候。

とか、

何卒行先き御穿鑿専要奉レ存候。是も雲根志後編に入れ申度奉レ存候。

（以上、天明八年五月十四日書状）

というようなことが、しばしば見られる。

前編は、霊異類・采用類・変化類・奇怪類・愛玩類と区別している。霊異類には、

民俗学的な資料が多い。采用類には、各国の名産鉱石をあつめており、鉱物学的に興味深い。変化類は木化石・貝化石等を記している。奇怪類の男鹿半島(秋田県)の連理石や神石窟とか、江州(滋賀県)浅井郡伊吹山の麓のチギリ石とか、その他鼠喰石や鸚鵡石などの例を記しているが、菊岡沾涼の『諸国里人談』などをも参考にしているようである。愛玩類は、碁盤石等愛玩に適する珍奇なものをあつめている。

後編もまた光彩類・生動類・像形類・鐫刻類に分類している。光彩類では水晶・瑪瑙・琥珀等を収録し、生類類では、生きものの如く動く石という意味で、飛ぶ石などの例を掲げる。しかも、前編と異なった新たな特色は、像形類で、霹靂碪(雷斧の類)や石人や車輪石・鍬形石等を加えている。また、鐫刻類では、鏃石・曲玉・仏足石・天狗飯匕・神代石・石弾子・神の鑓等に触れている。とにかく、考古学上の資料が含まれていることに、前編に比して、彼の一段の精進のあとが見られる。もっとも、像形類の中に、石人を入れたことは、藤貞幹の『好古日録』

などに刺激されたものであろう。また、鏃石については、これが天工のものでないことを考えたが、積極的な意見は提出しなかった。勾玉については、四例を紹介しており、後にあらわした『曲玉問答』のもとをなしたものであった。天狗飯七は、二十八例を集成図的に載せているが、こまかい考証はなかった。神代石の記述も簡単である。これは、彼が、続編でくわしく述べることを心がけたらしく、「此の類のもの猶少からず。悉く続編に出すべし」といっている。しかも、像形類と鐫刻類との区別にも曖昧なものがあり、鐫刻類の中に、自然石を入れているなど、ある程度、不熟練なものも指摘される。

『雲根志』三編の内容

三編は、その後、二十二年を経ており、この間、すでに、『曲玉問答』『舎利辨』『龍骨記』『鏃石伝記』等をあらわし、学問的にも円熟している。したがって、三編の内容は、前編・後編にくらべて面目を一新した。これには、宇治の荒木田久老（五十槻）が序文を書いている。すなわち、かくまでもひろくものせるは、もの好める徒の弄（もてあそび）のみならず、世に益あるわざにして、且いにしへを明らむるたとへともありなむものを、云々

といっている。やはり巻一から巻六までよりなり、各巻がそれぞれ一冊ずつに収められ、都合六冊である。その内容は寵愛類・采用類・奇怪類・変化類・光彩類・鐫刻類・像形類にわけているが、鐫刻類に特色がある。すなわち、曲玉・車輪石・神代石・石剣頭（今日の子持勾玉）・神代筒石・神代手斧石・石刀・狐鉋（かんな）・狐鑿石（のみいし）・異（い）志都々伊（しっつい）（石棒を指した）・青龍刀石等、考古学上の資料を各種にわけて説明している。これらの取扱い方や説明に、二十余年の歳月にわたる学問的な精進が示されている。たとえば、勾玉に関しては、

江州羽田村龍王山といふに、鬼が窟といふ物夥（おびただ）しくあり。此岩屋の中より曲玉・神管石（しんかんせき）及び太刀の具とおぼしき物時々出ると。同国同辺薬師山といふ山にも、鬼が岩屋といふ所数ケ所あり。此岩窟よりも折々曲玉・神管石等出

ると。羽田村龍山坊の説なり。

と述べて、古墳または横穴にわたって述べている。また、車輪石については、

上古の神物神作なり。何たるものともしる人なし。

と記し、神代石（鍬形石）については、

古今類なき奇石なり。其形状、鍬がたの如く、長さ七寸、幅四寸ばかり、根

圖にのぼし

安永元年秋八月和州

虎隠村山中野狐これ

を穿出す浪華蒹葭堂

珎蔵なり

『雲根志』三篇所収の神代石（鍬形石）

の方厚さ一寸ばかり、末は薄くして三―五分、本せばく、末ひろがり、本の方に二寸に一寸ばかりなる一穴あり。表裏に高く節を彫上たり。全体青瑪瑙にて奇なり美なり、愛するに堪たり。

などと、まことに要領のよい説明をなしている。また、後編では、像形類と鐫刻類との区別は曖昧であったが、車輪石などは鐫刻類の中に入れて統一をはかった。なお、三編の付録として、「諸家所蔵神代石図」を収めている。

彼は、三編につづいて、「拾遺」をも刊行する予定であったらしく、これを予告したが果たされなかった。

重版される

とにかく、この『雲根志』は、当時かなり好評で、全国の奇石愛好者はもとより、広い範囲に読まれた。再版・三版・四版・五版と版を重ねたようである。再版後には、巻数と冊数とに収約も行なわれ、初版が一巻ずつ一冊で、すべて十八冊分より成るのにことなり、前編の巻四・巻五が一冊にまとめられ、後編は巻三が二冊にわかれ、三編は一巻ずつ一冊で、総じて十四冊より成るものもある。

『曲玉問答』

『曲玉問答』

天明三年(一七八三)にあらわされた。すなわち、石亭が六十歳のときである。西遊寺に写本があり、私もかつて伝写本を求めたことがある。全集には、この著の全文が収録されている。問答風の体裁をとりながら、勾玉に関するいくつかの事項を取り扱っている。勾玉に関しては、これにさかのぼること九年前、安永三年に谷川士清が『勾玉考』をあらわしている。これは、大和の国(奈良県)の釜口山長岳寺住僧の泰春(マヽ)が、三輪山から発見したといわれる壺に勾玉を蔵したものをもたらして、その意見を問われたことがあるということから筆を起しているもので、『神代紀』に称する八坂瓊之曲玉もこの類のものかと説いて、文献的な考証をなしている。更につづけて、近江の国の山田ノ浦の石亭の蔵する資料や、明和年間尾張の国(愛知県)知

谷川士清の『勾玉考』

多郡寺本邑社の山から掘りだしたもの、または伊勢の国（三重県）の出土例などを引用して述べ、加羅布登（からふと）珠と名づけられている蝦夷地の青く円い珠にも触れている。ことに、付録としては、石亭の所蔵する諸例を一括して紹介していることが目につく。士清は文献的な考察を主としたが、実際の資料をも引用している。当時、古典による考証風の傾向が著しく、士清もまたこの方面に活躍していたが、遺物をも引用したことに一つの特色が見られる。

『曲玉問答』の内容の特色

石亭の『曲玉問答』は、その後に述べられたものであるが、士清が、さきに自分の資料をも引用して著書をなした点に刺激があたえられたことは考えてよかろう。『曲玉問答』は、七つの問題を取り扱っているが、ことに注意すべきことは、次の五点であろう。

1　勾玉をもって、舶来のものでなく、国産であると考えたこと。

2　勾玉をもって、葬具というような不浄なものでなく、生前につかったものを土中に埋めた副葬品であると考えたこと。

3　勾玉は琉球の土俗において用いられているが、これをもって琉球の製作とみなす説に対し、わが国の古俗の絶えたものが、たまたま琉球や蝦夷の辺鄙（へんぴ）では古い習俗として残存したものと考えたこと。

4　南都寺院の仏像の天蓋の飾りの連玉の一端に勾玉のあることをもって、持ち伝えた勾玉をもって、天蓋の飾りに用いたものと考えたこと。

5　好事家によって「曲玉壺」と名づけられているものを批判し、勾玉のはいっている例が稀にあるから、「曲玉壺」と名づけたのであって、壺の中には勾玉ばかりでなく、管玉・臼玉・弾子あるいは古代の金具等もあり、十中八九は空壺であるとみなしている。

以上である。文章の風格などは、当代一流の国学者であった谷川士清の『勾玉考』に比すると見劣りすることはやむを得ないとしても、士清が、たとえ実際の

資料からの実証

資料を引用したとしても、羅列的に取り扱い、その考証の中心は文献的なものであったのにひきかえ、石亭の『曲玉問答』は、資料の上から実証し、その考証にすぐれた内容をもっていた。ことに、勾玉をもって国産と考えた点や、今日も沖縄でノロクモノまたはノロといわれ、祭祀のことをつかさどる祝女の間に頸飾として用いられている勾玉のあることに着目して、わが国

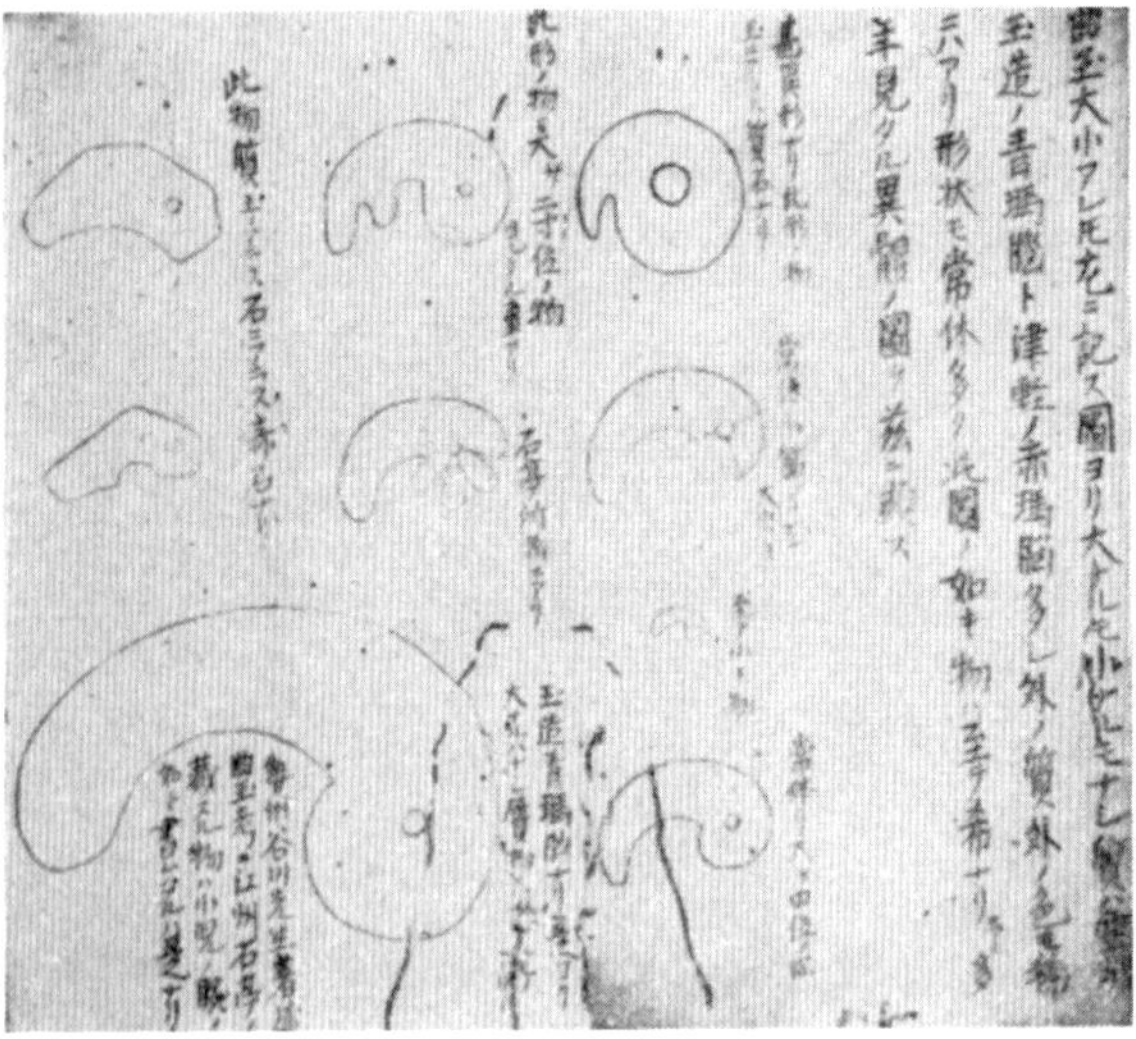

『曲玉問答』に記された勾玉の集成（西遊寺所蔵写本による）

の遺風がそのまま伝えられているというように考えた点や、奈良の寺院の仏像の天蓋の連条にある勾玉が伝承されているものを利用したのだとする考えなどは、出色とすべきであろう。

勾玉の集成図的な紹介

『曲玉問答』に見られる別な特色は、勾玉はもとより、管玉・臼玉等の玉類及び須恵器の集成図的な紹介であった。勾玉についていては、九例を載せている。丁字頭のついているものをも看過せず、これには、特に「筋あり」と説明している。管玉は十例である。その他切子玉・棗玉・臼玉等の類も秩序よく配列している。須恵器も十五例のせている。その説明には、出所や大いさや所蔵者名などをも入れている。たとえば「和州春日山ヨリ出ルト云。大サ図ヨリ二寸余高シ。高田鈴木氏珍蔵」という工合である。

『奇石産誌』

『奇石産誌』

石亭がみずからあつめて所蔵したものや、その他方々で見た資料などについては、石の名とその出所を書き記し、丹念に整理していた。このような品目と出土地名とについてまとめたものである。石亭の『著述書目』にも、多年遍歴した三十余国について、みずから見たり掘ったり、あるいは樵夫(しょうふ)にたずねたり漁翁に正して書きあつめたものである意味のことを述べている。その取扱った資料は、遠

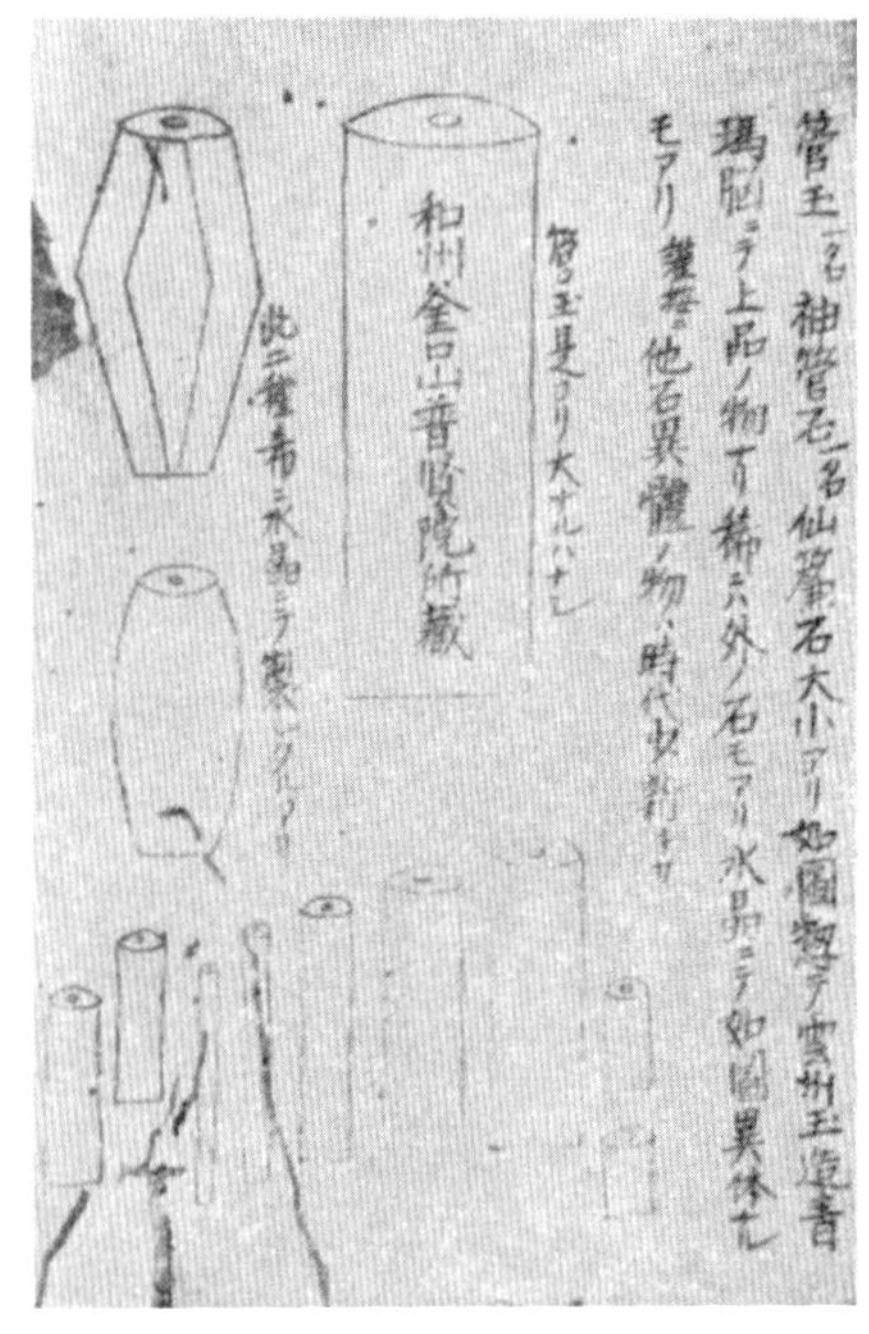

『曲玉問答』に記された管玉等の集成
（西遊寺所蔵写本による）

く陸奥や出羽の国から、大隅・壱岐・対馬の国にも及ぶ六十八国にわたり、全国的なものである。いかに、石亭の蒐集した資料の範囲が広かったかを語っている。安永から寛政の初年のころにかけて編纂されたものらしいが、刊行されなかった。

上梓の計画

もっとも、刊行の計画はあったらしく、その後、『雲根志』三編が上梓されたとき、その奥付に、近刻の予告として、『諸国産石誌』なるものを紹介しているが、これは同一の内容のものとみなされる。また、『奇石産所記』なるものを上梓する計画もあったらしく、石亭も西遊寺鳳嶺あてに、

西院近藤氏より産所記校合済にて、取替致し、春早々書林へ渡し申度申参候。

と述べている。これは、写本として一部が残っている「石筌」と題するものに該当するらしく、この「石筌」には巻頭に近藤藤重・釈鳳嶺（西遊寺住職正偏）・谷泰定が校合したことを記している。『奇石産誌』をもととして作製されたもののようである（これも全集に収載）。

とにかく『奇石産誌』は、収録した資料は、鉱物を中心として、考古学上の資料をも加えており、全国の石に関して集成した努力は驚嘆に値する。次に、各国別に、これらの数量を記して見よう。

	地質・鉱物関係	考古関係	旧跡関係	その他	計
山城	43	8	3	1	55
大和	52	4	0	1	57
河内	14	2	1	0	17
和泉	2	1	1		4
摂津	34	3	1	0	38
伊賀	21	0	4	1	26
伊勢	60	1	5	0	66
志摩	14	0	0	1	15
尾張	32	0	4	0	36
三河	13	1	3	0	17

遠江	15	0	2	0	17
駿河	13	3	0	0	16
甲斐	15	1	0	0	16
伊豆	18	0	0	0	18
相模	34	1	0	0	35
武蔵	21	0	0	0	21
安房	8	0	0	0	8
上総	5	0	0	0	5
下総	9	0	1	1	11
常陸	13	4	0	0	17
近江	82	3	6	2	93
美濃	86	0	9	0	95
飛驒	27	0	3	1	31
信濃	56	2	8	0	66
上野	16	0	1	0	17
下野	20	1	1	0	22

陸奥	89	20	7	2	118
出羽	22	1	7	0	30
若狭	15	0	1	0	16
越前	16	1	0	1	18
越中	31	0	0	6	37
越後	38	0	8	0	46
加賀	65	3	1	0	69
能登	20	3	8	0	31
佐渡	26	0	2	1	29
丹波	15	0	2	0	17
丹後	14	0	0	1	15
但馬	18	0	1	3	22
因幡	5	0	0	0	5
伯耆	4	2	0	1	7
出雲	11	0	3	0	14
石見	26	0	0	0	26

筑前	土佐	伊予	讃岐	阿波	淡路	紀伊	長門	周防	安芸	備後	備中	備前	美作	播磨	隠岐
20	32	21	40	47	17	59	17	6	11	6	17	20	6	20	4
0	0	0	0	0	0	0	0	0	0	0	0	0	0	0	0
0	0	0	2	1	0	5	0	0	1	0	4	0	0	0	0
1	2	0	0	0	1	1	0	1	0	0	0	0	0	1	0
21	34	21	42	48	18	65	17	7	12	6	21	20	6	21	4

筑後	12	0	0	1	13
肥前	21	0	1	0	22
肥後	32	0	2	2	36
日向	12	1	0	0	13
豊前	5	0	0	0	5
豊後	19	0	0	0	19
大隅	6	0	0	0	6
薩摩	19	0	0	0	19
壱岐	10	0	0	0	10
対馬	5	0	0	0	5

すなわち、地質・鉱物関係の収録件数一四九七、奇石・旧跡類は六六、考古資料一一二、その他三三という数である。中にも地質・鉱物関係としては、たとえば琥珀・金剛石・方解石・玉髄・瑪瑙・水晶等も含まれ、考古関係としては、鏃石・曲玉・車輪石・雷斧等がある。なお、旧跡関係のものは、文字摺石の類である。と

いくつかのミスもあった

にかく、これらの多数のものを集成した努力は驚嘆に値する。もっとも、中には、秀衡(ひでひら)土器や、焼米の如くに、直接奇石と関係ないものも若干加えたなどの過誤もあった。また、何分量が多いので、地名などの間違いもあり、石亭みずから、これについて気付いたものは、訂正にやぶさかでなかった。二木長嘯への手紙の中に、

> 飛驒産地の玉牡丹と記したものについて、
> 上松(あげまつ)洗馬(せば)、信州地名の由、此方取消し可レ申候。
> （天明八年五月十四日付書状）

なども申し添えている。

『舎利辨』

『舎　利　辨』（『一名舎利之辨』）

寛政四年十一月十四日の序文がある。石亭が六十九歳のときである。舎利について、仏教徒関係の間で、仏身からでたとか空中から降ったものだとする説につ

津軽の舎利石

いて弁じ、舎利は宝石と同一物であることを述べたのである。恐らく、彼がながい間石をあつめて、石についての知識を得たとき、舎利石といわれるものを知り、これが瑪瑙の一種でありながら、舎利と信じられて珍重されていることに反駁したくなって、このような著述となったものであろう。彼はこの著書で、「仏者の敬する舎利は我徒弄翫（ろうがん）する宝石と同一物也」というように、仏家の尊敬の対象とする舎利について、かなり勇敢に攻撃しているのである。彼の強みは、全国にわたっていわゆる舎利といわれるものの産出する示例を丹念にあつめたことであろう。ことに奥州津軽（青森県）外ヶ浜及びホロツキ浜の産のものについては、これをくわしく記述し、中国・西国の里俗舎利と称して尊敬するものはみな奥州の産なりと述べている。津軽の舎利石はかなり有名になっており、宝暦八年大朏（おおで）東華（とうか）の著わした『斉譜俗談』の中でも、

陸奥国津軽今辺地（いまべち）の海辺に奇石あり。其大なるものは拳（こぶし）のごとく、白色に薄赤

き色を帯なり。礪て珠の形となせば精瑩玲瓏として愛すべし。小きものは豆粒の如く白色にして光あり。是を津軽舎利と名付て宝塔に納、頂礼恭礼すればたまたまに殖るもの有といふ。（巻　二）

などと記されている位である。石亭は、他に京都泉涌寺山・東寺広庭・愛宕山上花表辺・大坂天王寺境内・大和友田室山・美濃（岐阜県）土岐郡月吉村・加賀（石川県）白山温泉谷・南部（青森県）田名部恐れ山・常陸（茨城県）水戸瑪瑙浜・淡路（兵庫県）岩屋浦・能登（石川県）袖ヶ浜五色浜・加賀の十五の海岸・佐渡の月布施観音浜・出羽（山形県）米沢小菅観音山等を産所として掲げている。加賀白山温泉谷の例について、風雨の時空中から降ったものという里俗のあるのに対し、もともと土地にあったものが、雨の後に洗い出されたものと考えたことなども、一つの着想であろう。もっとも、舎利には、仏或いは聖者の身舎利もあるはずであり、すべてをもって宝石と断じた一方的な見解には多少の軽卒さもあるが、とにかく、多くの実例をもととして、人々が盲信していた舎利について断案を下したことは、一つの科学的な態度ともいえよう。彼のこの考えは、早く『雲根志』後編にもあらわれている。すなわち、巻一の中で、舎利石について、津軽外ヶ浜等の発見例をあげ、

科学的な態度

> 今、世話方の開帳に仏舎利と称するもの、予これを見るに、都て是等の類を以てあざむけり。

と記している。恐らく、この考えが一貫してつづき、このような著述となったものであろう。なお、寛政十二年の桂川中良の『桂林漫録』にも、同じ意見が述べられているが、石亭の考えなどに影響されたものであろう。

舎利に関する奇談

石亭は、この付録として、舎利に関する奇談を載せている。近江・京都・因州(鳥取県)等の例で、老人が奇疾で臥せていた寝所で、舎利に近い形円く黄白色で光沢あるものが体中から出たとか、ある女が目をわずらったとき、両眼から涙とともに白色の舎利がでたとかの奇談をあつめている。彼は、これらの奇談を淡々とし

た筆致で書いて、何らの意見をも加えていない。更に、和漢の故事をも付録の一に加えている。『本草綱目』『酉陽雑俎』『五雑組』『通鑑綱目』等に掲げられた舎利に関する文献の収録である。これらは、彼が舎利について考察を進めた際、参考として抄出した文献資料でもあったのであろう。とにかく、彼は、ある問題に取り組むとき、これに関する資料はできるだけ集めたようである。彼の学的態度の一端が示されている。

『龍骨記』に記された竜骨の図
(西遊寺蔵写本による)

『龍骨記』(『龍骨辨』)

寛政六年八月十二日

の序文がある。石亭が七十一歳のときである。龍骨といわれていたものは、今日の知見では、ステゴトンとか、ナウマン象とかの旧象化石であることはいうまでもないが、江戸時代にはこの種の異常な大型の骨に対しては、驚異の眼で迎えられ、各著述に紹介された。たとえば平賀源内は、『物類品隲』(巻四)の鱗部の中で、

龍骨　讃岐小豆嶋産、上品海中にあり、漁人網中に得たりと云。其骨甚大にして形体略具る。舐之着舌用之其効験本草の主治と合す。是れ真物疑ふべきなし。近世漢渡の龍骨あり。是一種の石にして真物にあらず。木化石に近し。(『平賀源内全集』上)

と述べている。小豆島海底発見のものを真物とし、近ごろ漢土から渡来した竜骨には木化石に近い一種の石のものがあって真物ではないというような説を立てた。

『龍骨記』著述の態度

石亭はこの風潮の中にあって『龍骨記』をあらわしたのであるが、その著述の態度は、「六十年来見聞する国々より穿出せる産所形状時日を、人の需に応じて記

すのみ也」という如く、論争にまきこまれるのでなく、忠実に資料を提供するというものであった。

狭い見聞をいましむ

石亭は、龍骨といわれるものは、元文(げんぶん)以来諸国の山海に少なからず発掘されているとする。そして、これは首尾全体のととのっているものはまだないが、頭・歯・角・腕・爪等があり、大小がある。頭の大なるのは、口中に人一人をかくす位、歯の大なるものは、枕二つ合せたばかりで、上下四十八枚、あるいは三十六枚。小さい頭は獅子頭ばかり、角の長さ二尺あるいは三尺で、色は漆のごとく、堅剛なること玉のごとしといっている。石亭は、龍骨をもって象骨のようなものではないと考え、実際に龍のようなものがあったのでないかとみなした。文の中で、「目に見、耳に聞たるの外(ほか)、天地の間に物なしと思ふは闇愚(あんぐ)の至り也」と述べていることは、要するに狭い見聞では何もわからないことを批判しているもので面白い。彼があつめた全国の実例は、讃岐の国(香川県)志渡浦海中・備前の国(岡山県)塩浦島海底・同児島海岸・備中の国（同上）近辺の山海・佐渡の国（新潟県）鹿伏大明神社山奥・近江の国（滋賀県）野洲郡篠原村・伊勢の国（三重県）内宮山中・東武佃（つくだ）島（東京都）の沖などの出土例である。これらの出土例の中には、すでに『雲根志』前編や、『奇石産誌』にも引用したものもある。たとえば『雲根志』前編巻四奇怪類には、

　美濃国（岐阜県）コセ村の山（可児郡石原村より三里）山のくづれある所より　方一丈ばかりなる　龍のかしらと覚しきもの。

とあり、『奇石産誌』の中には、佐渡の龍骨について、

　鹿伏大明神の境内山中に、享保年中、掘出せり。

と記している。しかし、石亭は『龍骨記』の中で、はじめて彼の見聞した出土例のすべてを収録した。なお、この本には付録として、龍骨の故事の項を設け、『本草綱目』の記事をのせ、その図を掲げている。

なお、『龍骨記』は「龍骨之辨」ともいったようであり、西遊寺鳳嶺にあてた

書状の中に、石亭みずから、

御無心ながら拙作龍骨之辨、暫（しばらく）御かし可レ被レ下、為レ写（うつさせ）、早々御戻し可レ申候。

といっている。

『鏃石伝記』

寛政六年九月二十三日の序がある。石亭が七十一歳のときである。序は簡単であるが、鏃石は、神軍の戦ったときに降ったものであるという説や、人作でなく自然の産物であるという説に対して、神軍の話は民俗の茶話にいうに過ぎず、また天工自然のものということもおかしいことで、上古異邦民に用いられたことは、和漢の書に照しても疑う余地はない。このような見解のもとに、この書をあらわしたのだといっている。内容を見るに、まず、享保・元文のころには、鏃石の発見は奥羽の地方に限られ、他には知られていない。一—二本を拾ってもお守りにされたりしていた。しかるに寛保・延享以来、わずか五十年の間に、奇石をもてあそぶことが流行し、国々で鏃石が発見されるようになり、愛好者はこれを多数あつめているというような意味のものから筆を起し、次のように述べている。

謹しんで按ずるに、上古粛慎国の鏃なる事和漢の書に明けし。製作の物に非ず。天巧自然の物なりと云ふ人あり。大なる誤か。憶ふに、上古をさして神代と云ふ。神代の戦に用たる矢の根なる故に、神軍の説あるか。風雨震動の後、専ら拾へる砂の中より洗出して、拾ひ安き故なるべし。

そして、粛慎は朝鮮の東北にあたり、日本の蝦夷の地に相接するものとする。もっとも、石亭は、このように粛慎国の人の使ったものと考えながら、蝦夷もカラフトという蝦夷より遙か東の国の人も、新羅の国の人も、石鏃を使っていることに触れ、論旨に多少の不安定のところもあった。つづいて、石鏃に関する古文献の例をのせ、最後に多くの実際の資料につき、その形状を『武用辨略』に図されている鏃と照合し、これらの図のものはすべて石鏃にもあてはまると述べている。

この書の特色の一つは、石鏃をもって人工のものとし、粛慎国の鏃であるとなしたことである。もっとも、さきに述べたように、蝦夷という考えも捨てられなかったようであるが、当時の一般の間では、石鏃というものは神代に神軍が用いたもので、戦争のときに天から降ったものと考えられていた。今日から見ると、途法もないこの考えが広く行なわれていたものであり、これは『続日本後紀』や『三代実録』に、出羽の国田川郡西浜(今日の山形県飽海郡遊佐町吹浦海岸)や秋田城内で降雨の後に石鏃がしばしば拾われることが記録され、これが奇異な現象として神秘的な説話をもって伝承されてきたことにもとづくのであった。このようながい民間伝承に対して、これと全く別な新しい意見を提出することは、よほどの自信と勇気とを必要とした。神軍の説を否定した説としては、まず肥後(熊本県)の井沢長秀の『広益俗説辨』がある。正徳五年（一七一五）にあらわされたもので、従来の説を俗説となし、石鏃は天工自然のもので、砂中にある石が大雨のとき洗いだされたものとした。この考えから一歩前進させたのは、新井白石で、仙台の佐久間洞巌から贈られた石鏃に対して礼状をだしたが、その中で、石鏃についてこまごまと考察している（『白石先生手簡』）。これは享保十年（一七二五）のものといわれている。白石の考証は、石鏃の類は西南地方には発見されていないことから見ても、国史に佐渡や蝦夷地に入犯したことの記載されている粛慎族のものとするのである。他に、本草学者であった京都の松岡玄達の如きは、蝦夷の人が鏃石で雁を射たということがあり、その雁の羽に付いてきて落ちたのだという説を立てていた。とにかく、この種の見解が従来の俗説を破って一部に行なわれるようになった。ことに、松岡玄達は、石亭の師であった津島恒之進の師でもあり、恒之進からは、このような先師の話をも聞いたことであろう。また、白石の考えも耳に入ったことであろう。しかし、石亭は、白石のなくなった享保十一年（一七二六）から五十年後、『雲根志』後編で、石鏃について自然の物でないことをほのめかしてはいるが、まだ明確な説を提出せず、天工でないという別な説があるが、同志の人を待ってこれを辨じよう、したがってここでは、意をつくさないといっている。その後十五年、『鏃石伝記』では、自信をもって堂々とこれを発表するに至ったのである。早く新井白石や松岡玄達に意見があったとしても、はじめて著述の中で新見解を発表したのは石亭であり、その点に、この著作の一つの特色があるのである。

実物の比較

特色の二は、諸国弄石社の仲間の人々の蔵した石鏃や、彼自身の所蔵の石鏃を、木下義俊の『武用辨略』の図と照合した点であり、考古学研究における比較の方法の片鱗を見せている。もっとも、さきに発表した『雲根志』後編では、その掲載した石鏃図も、後世の鉄鏃の図をまねた好い加減のものであったが、『鏃石伝記』では、このような図を省き、比較のため鉄鏃ものせており、ここに前進した洗練された学問のあとも示されている。

なお、享和元年に刊行された『雲根志』三編の最後の冊の奥付には、『矢之根石考』二冊の刊行が予告されている。しかし、ついに上梓の機を見るに至らなかった。写本であった『鏃石伝記』をそのまま題名を換えて上梓しようとしたのか、またはある程度の改訂を加えたのかは明らかでない。しかし石亭も、晩年には後文でもかさねて触れるように、石鏃に対する考え方もかなりはっきりしたので、その決定版であったにちがいない。出版されなかったことが惜しまれる。

なお、西遊寺所蔵の写本には、内容も著作の年月日も『鏃石伝記』と全く同じだが、題は「鏃石考」とある。『鏃石伝記』は一名「鏃石考」の名でも、その写本が流行したらしい。

『天狗爪石奇談』

『天狗爪石奇談』

寛政八年正月につくられた。石亭七十三歳のときである。当時、天狗の爪石(つめいし)といわれているものが知られていた。石亭がみずから序文で、「いかなる物か不詳。故人(こじん)も考索(こうさく)せざる異物なり」といっているように、これはどんなものであるか明らかでない。石亭は、これに関し、天狗の爪石についての全国の奇談を集録したものである。彼は、結論をあたえていない。むしろ「後世の人、是を見ば考の一助ともならんか。山亀の爪、或は魚の古歯など云ふ古説あれども不詳。謹んで按ずるに、造物者の秘する時あり、顕はるる時あり、後人時を得て考勘あれ」ということで、今後の問題にしている。

民間説話のまとめ

いわば、天狗爪石に関する民間説話をまとめたのである。奇談は二十七件ある。これらの資料の出典について見ると、石亭の宅を訪れた人から直接聞いたものや、能登(石川県)地方に自分が旅行した際に採訪したものなど色々あるが、彼はこれを一々書きとめていたのである。したがって、一々誰から聞いたかをも記録しているし、間接に聞いたものについても、その最初の発見者の名を記すことも忘れなかった。また、彼の宅に来訪した人からの場合は、その年月日をも記した。たとえば、

> 安永五年九月廿五日、加州金沢麦水（ばくすい）翁来訪。夜話ニ、天狗爪石ハ能州七尾ノ海ノ面ナル嶋ノ地榎目村ノ砂中ニアリ。先年此島ニ渡リ、十日計逗留シテ、近山遊行シテ数十枚ヲ拾ヒ得タリ。然レドモ大ナルハ稀ニモナシ。惣テ大サ四分バカリニテ、青色光輝有リト。

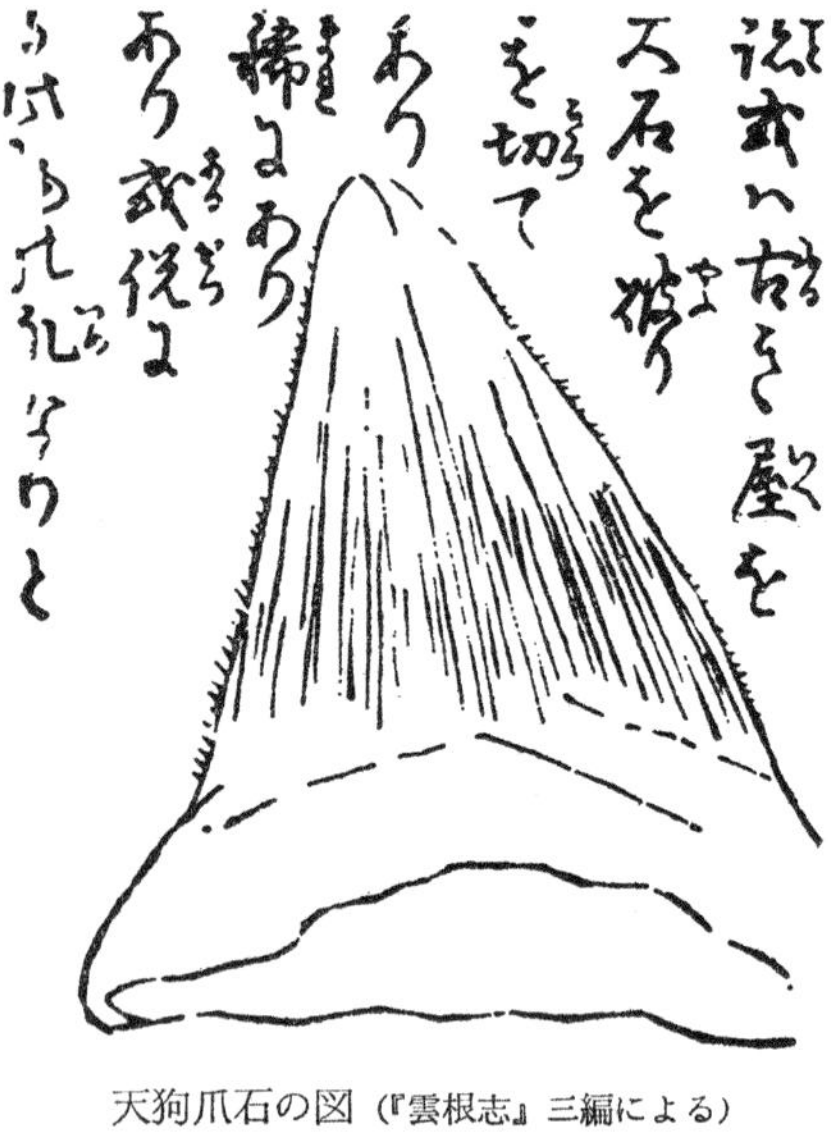

天狗爪石の図（『雲根志』三編による）

というような表現である。

天狗爪石といわれるものは、これらの集成資料から見ると、山中や海浜または海中から発見されるものが多い。山中の場合、大石の中にあるものもあり、しかも、大石の中の介石にはいっているものもある。海浜や海中の場台、砂の中にある例や、海底の小石礫の間にまじるものもある。松や榎などの梢(こずえ)にうちたてられているもの、古い板屋根や古い船の底板や門の柱などにさされたまま見出されるものもある。特殊なものとしては、天狗が乱入した屋敷内に落ちていたものなど神秘な発見例もある。大いさには、米つぶのような小さいものや、三―四分のものもあるが、大きい例として、三―四寸を有するものもある。色沢(しきたく)は青色または青白色を呈し、光りかがやいているという。一般に、能登地方に資料がゆたかである。早く、『奇石産誌』の中でも、「能登」の項で、天狗爪石に関して二件を入れている。一件に関しては、出土地は「天狗畑、所ノ口七尾、小泉、穴水、ツムギ輪島、鹿島、石動山、一国之中所々より出」とあり、他の一件については、「七尾ノ海の向島の地、榎目村砂中に細小のもの多し」として説明している。能登地方の出土例については、彼がながい間関心をもっていたことがわかる。

なお『雲根志』三編は、『爪石奇談』があらわされた五年後に刊行されたものであるが、これにも、この本でまとめた資料を中心として要領よくまとめている。すなわち、

俗ニ天狗ノ爪石トイフ物、形爪ノゴトク長サ一-二寸、先尖リ根ニ肉著アリ。色紫黒、両端鋸歯ノゴトク、実ニ爪ニ似タリ。今予伊勢・能登・越後等ヨリ二十枚ヲ集得タリ。

と。

実は鮫類の歯の化石

当時、天狗爪石といわれるものが、弄石家の間に珍重されていたことが考えられる。この種のものが、鮫類の歯の化石であるということは、今日、化石上の常

識であろう。天狗が乱入したあとに落ちているという奇怪な話は別として、大石の中にあるとか、または、その中の介石中に含まれているとかの事例は、今日でも数多く知られている。とにかく、このような天狗爪石に関して、民談を丹念にみずから採訪し、記録したことは、資料的な価値の上からも興味あるところである。

『石亭石譜』

『石亭石譜』

石亭は、その『著述書目』の中で、みずからこの書について記し、しかも、「此書は賤息に譲与するのみにて、他見するを許さず」と述べている。こんな関係で、写本も伝わらず、実際に接することはできない。「弄石の癖、殆ど六十余年、集蓄する石品、産所伝来、石譜十三巻に微細に記す」とあるので、十三巻から成り、自分の収集品について、その産所や伝来をこまごまと記録したものであることが知られる。しかも、付録として、知己帳をつけている。これは、海内同好の知己三百余人について、国所・姓名ことごとく記し、中にも親友二百余人については、その書翰の端をきって巻となしたという。書翰の端には自筆の名印があるからである。また、尊貴の人から拝領した石品二百余種、御染筆の書画数十幅も付録として記した。

蒐集資料の総目録

この著は、彼が、一生涯を通じて収集した資料の目録であるとともに、彼のたどってきた人生の行路における回顧でもあった。息子に譲与するだけで、他人の見ることを許されないと記していることも、いわば形見として子孫にながく伝えたいという気持もあったのであろう。寛政六年の『著述書目』にのっているので、それより以前にあらわしたことがわかるが、恐らく、一時重態におちいってたすかった六十歳以後にまとめ、寛政六年に近いころ、すなわち、七十歳に達しようとするころのものであろう。

『石亭千膓録』

『石亭千膓録』

これもまた失われている。『石亭著述書目』に記されているだけであり、寛政六年以前の著述である。

此書は家外へ出さず。弄石熱心の人は、たとひ数日を経るとも、亭中に来り書写すべし。予が六十年の労は此書にあり。もし厚志の君子、是を梓し世に顕し玉はゞ、予泉下の喜ともいはんか。

と記しており、彼の六十年の労の結晶ともいうべきものであり、門外不出にしている。しかも、自分の死後、誰かによって刊行してほしいことを洩らしており、彼の心情があらわれている。

この書は『著述書目』の説明によれば、漢土蛮夷の故事をあつめたものである。六編二部にわけ、一、寵愛之部　二、変化之部　三、像形之部　四、奇異之部　五、取用之部　六、文理之部とし、故事八百二十余を収録している。彼が、いかに広く文献をも渉猟したかが知られる。

『百石図巻』

石亭が蒐集した奇石の中、とくに名品である百種を選びだして、都や地方の画家三十余人にたのんで、その図を画いてもらい、しかも一国に一人ずつの高名な交友に勧進して、序文を書いてもらったものである。いわば、彼の趣味を最高に発揮させた豪華なものであった。各序文の年号の上から察すると、安永・天明（一七七二—八八）のものがほとんどであり、恐らく、

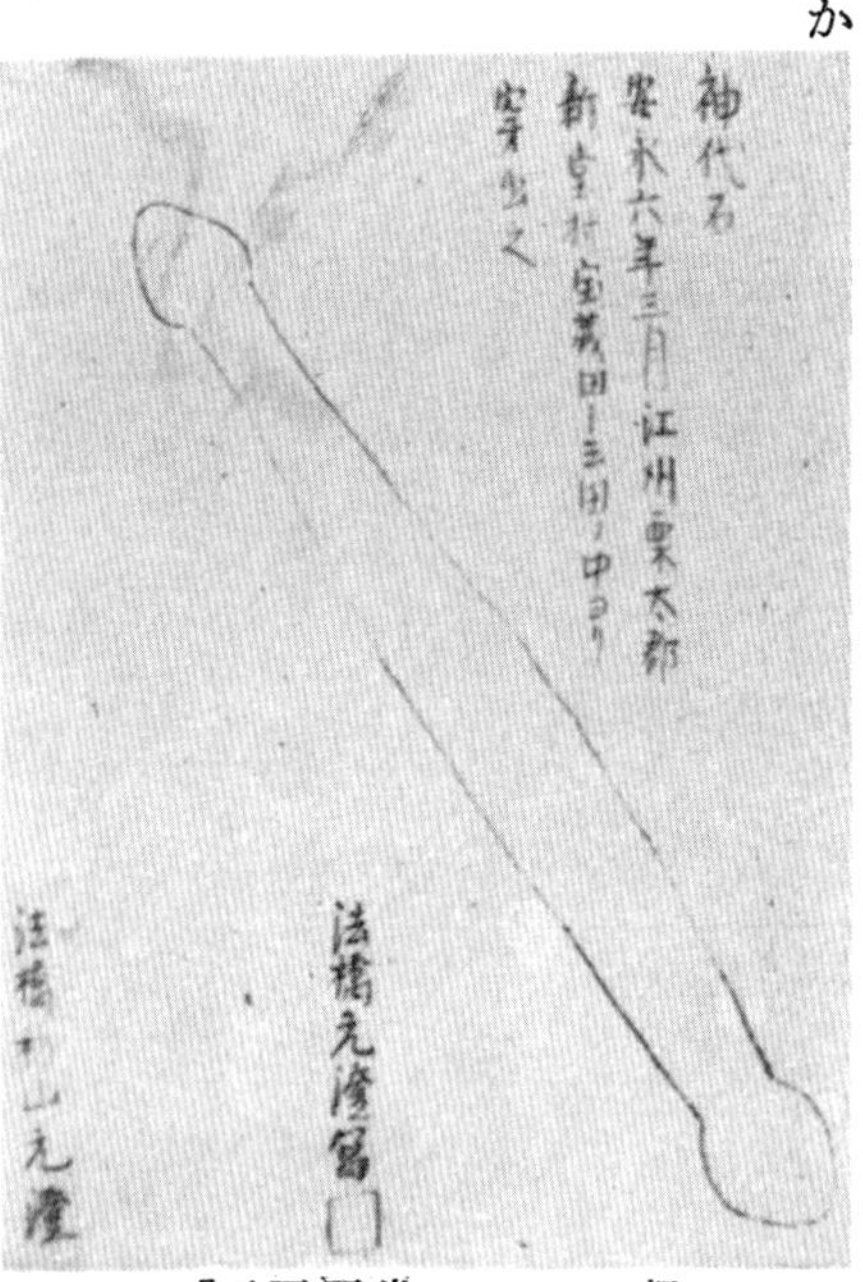

『百石図巻』の一部

天明八年の後、彼の六十五歳のころに完成したものであろう。佳品百種には色々なものがあるが、出雲の国玉造の勾玉や、大和の国葛城山麓辨天山坂口村の車輪石、飛驒の国高山の異志都々井（いしつつい）（独鈷石）等の考古資料や、石菊・木化石・石芝・自然銅・鐘乳石・青玉髄等の化石や鉱石類など各種にわたっており、彼みずから選んだ逸品であった。彼が依嘱した画人の中には、円山応挙（まるやまおうきょ）をはじめ、法眼（ほうげん）吉田元陳（げんちん）・法眼石田幽汀（ゆうてい）・法橋（ほっきょう）杉山元澄・法橋勝山琢円・長谷川等山などがあり、彼がいかに広く各方面に図を依頼したかがわかる。また、序文を書いてもらった各国の交友は、結局六十九人になったが、福島屋滄洲（飛驒）・谷泰定（美濃）・福田久蔵（伊勢）などの弄石の仲間はもとより、薩摩（鹿児島県）・大隅（同上）や、日向（宮崎県）や、対馬・壱岐・隠岐・佐渡や、土佐（高知県）や、陸奥などの遠隔の地の人々も含まれており、これらの人々から序文をもらったこと自体も大へんな労であったろう。なお、序文の類には加えていないが、図の終りに、次の一文がある。

オランダ人からも寄せられる

天之星者、象地之石、地之石者、象天之星。愛星也。日本石亭矣　阿蘭陀人

何かの機会に、オランダ人からも寄せられたものであり、日本に奇石愛好者石亭のあることが対外的にも知られたことを示す一例として興味深い。この書も原本はわからなくなってしまったが、幸いに、交友の一人であった西遊寺鳳嶺の筆写したものが同寺に残されている。私は一日、この寺を訪れ、現住職高木憲雄氏の好意によって見せていただいた。なお『木内石亭全集』巻一に収録されたものも、この写本によったものである。

『大石之図巻』

『大石之図巻』

これも今日伝わっていない。『石亭著述書目』にあるだけである。寛政六年以前のものであろう。彼があつめた奇石の中、台飾りを設けて愛玩しているもの三十六品を選んで図をつくり、来訪した客に詩歌・連俳を書いてもらったものである。

乾坤二巻から成る。これも趣味的なものであった。

『神代石之図』

『神代石之図』

いわゆる神代石といわれるものを蒐集し愛玩し、その図を筆写し、更にこれをわけあうということは、当代において、弄石家の間で一つの流行をなしていた。したがって、当時、神代石図巻といわれる巻物の体裁をなすものがかなり方々でつくられ、その写本もまた流布した。石亭は、神代石流行の風潮の中にあって、その指導的な立場にもあっただけに、当然その図巻をまとめた。石亭が編した神代石図関係については、『雲根志』三編付録には、「諸家所蔵神代石図」がある。しかし、これは付録の体裁をなしたもので、巻物としてまとまったものとしては、一応彼の『著述書目』によってうかがうと『神代石之図』と題するものがある。その解説に、

> 海内之同好人の貯る神代石及石劔頭百品、これを模写す。各正石を以て写す。遠境一覧に及ばざるものも、其所の同好に真図を求め、石色大小とも違ふことなし。図及び跋文は、越後浣華井甘井これを書す。

とある。同好者の収集した神代石及び石劔頭百品を模写したもので、遠方で一覧できないものは、その他の同好者にたのんで実物大の図をもとめたのである。

現存する『神代石之図』写本

幸いにも、東京大学理学部人類学教室には、寛政八年に、石亭が浣華井鈴木一保に浄写してもらってまとめた『神代石之図』二巻の写本が所蔵されている。これは、長谷部言人博士の好意により、一覧することができた。博士は、早くから神代石に注目し、これに関する図巻についても研究されていた。私も、博士から示教を受けたところが多いのである。この人類学教室所蔵の図巻も、博士が考証しているように、必ずしも全部、石亭の原図をもとにしたものでなく、諸家から石亭におくられた図をも多数含めているらしい。これには、石亭みずから序文を記している。

『神代石之図』の序文

神代石之図序

予奇石を翫(もてあそ)ぶ事多年、同好の士国々に多く、おのおの秘蔵する所の神代石あり。今真図を模写し、後来同好の奇観にまたんとす。是皆無名の奇石にして、天工にあらず、人工にあらず、実に神工のいちじるしきものなり。此たぐひ雷斧(らいふ)石砮(せきど)あり。又形小くして奇なる物ありといへども、其品多き故にはぶきて写さず。されども、石劔頭の奇古なる、しりへに付てこれを記す。予の奇石を翫ぶ時に至て、かゝる奇石の世にあらはるるは、予の時を得たるかとはじめに記す。

湖東　石亭主人自序

とあるものである。収録された品は、百四点である。『著述書目』の中にある、百点とほぼ近い。『著述書目』の神代之図の写本が伝えられたものであろう。なお、この巻尾には、浄写にあたった鈴木一保の跋文的なものが収められている。これは問答風のものであるが、当時の弄石家の考え方や、石亭の立場をよく知ることができるので、繁をいとわず、その全文を紹介しておくことにしよう。

或問曰、博物窮理の学は古人のかたんずる所、玉石難辨紅紫乱朱、今日郷平の化に浴し玉石を弄ぶの徒多し。是海内の異産異品を集め、薬石真偽可否を糺す。其よる所宜也。然るに神代石と称する物を見るに、おほくは土中より穿出せる物にして、其異形なる其用をしらず。其の用なき時は実に無用の頑物なり。何を以てか神代上古の物と呼ぶや。何を以てか是を貴重するや。国史・野史其石をいふことを聞ず。然るを木内家が好事の癖にしてしらざるを恥て、みだりにこれに名を設く。名実相そむけり。其説をきかん。

答曰、道のおなしからざる、相ためにはからずといへり。嗜好もまたおのおの異なり。当時玉石を翫ぶの徒、天下にみてり。是の盟主たる者、是湖東石

異形人工の石を神代石と名付く

亭翁なり。もとより本草物産の徒にもあらず。博く海内珍奇の石品を一集して、方物造化の妙用を掌の上に弄ぶ。其楽ははかりしるべからず。誰か甚だ佳境に至る事を得ん。且異形人工の石を神代石と名付るは、能く其物を辨じ、名付る所俗意の外に出て、名実相叶といはん。いかにともなれば、子がいふごとく、其物ありてその用をしらざる時は無用の頑物たり。これを頑物といふて其用をしらざるは、今の代の人こゝろを以てこれをいふなり。かけまくもかしこき神のみわざよ、くさぐさの事、皇朝のいにしへなり。今の人ごころを以て押はかりいふべからざること多し。此石も神代のいにしへ玉祖命のつくり給ひしものなるべし。神のみわざの正しく、今の世に残て世に顕はるるは、太平の御代のめでたきを愛で給ひたる神の御心なるべしと、神代石とやすらかに名付しは、翁の心の能く皇朝のいにしへをしれりといふべし。かの□意を以て其理を窮んいふは、さかしらのひが心なり。これをす

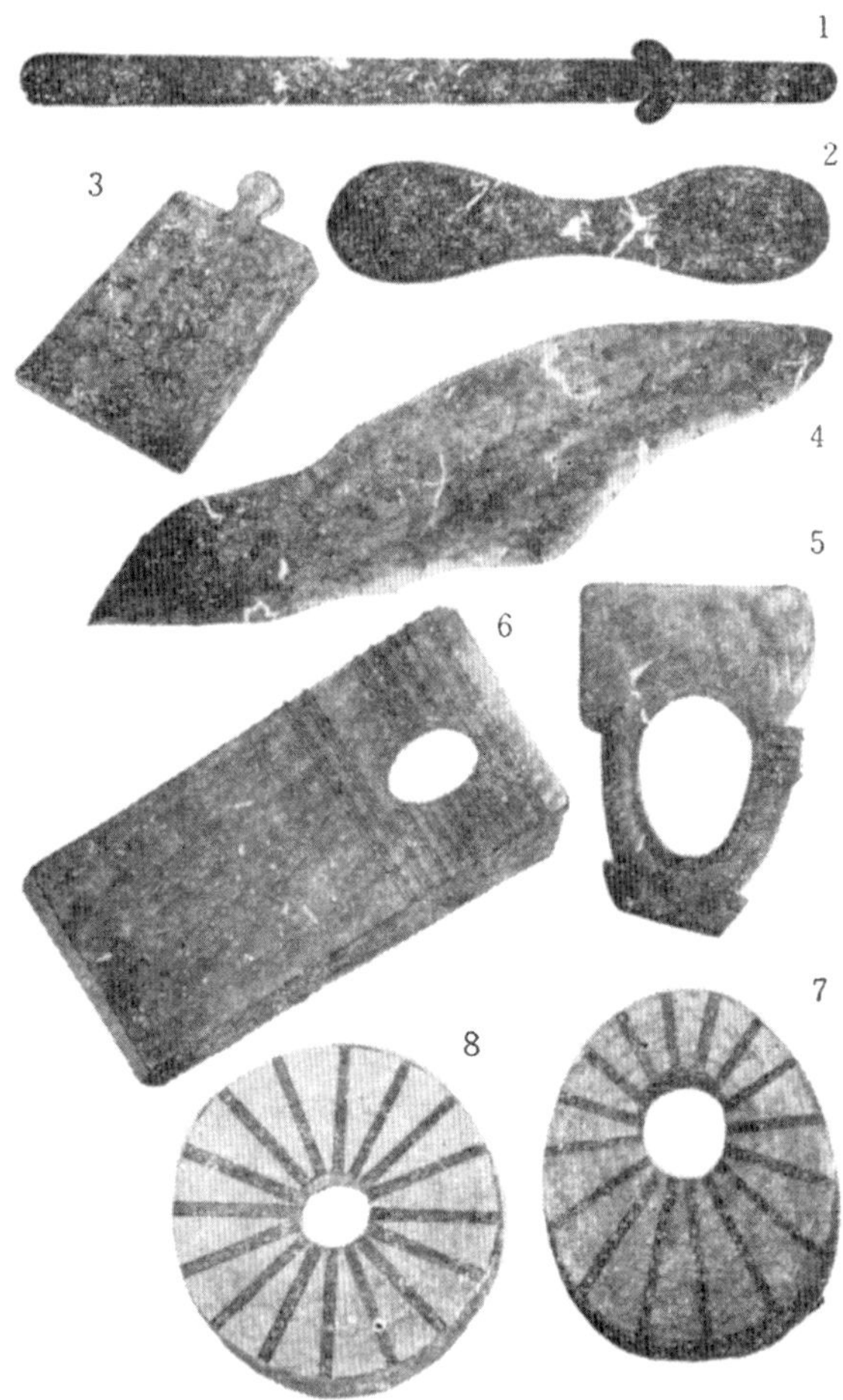

『神代石之図』に収められた遺物（Ⅰ）
（組み合わせは著者が行なったが番号は巻物の順にしたがった）
（神田孝平旧蔵写本，東大人類学教室蔵）

1 出所不詳。形如レ図。質如二黒玉一。江州長浜横超院御珍蔵也。
2 出所不詳。形如レ図。石質如レ漆。如レ玉。横超院殿珍蔵也。
3 嵯峨天龍寺賢長老愛玩。形状大如レ図。石質黄瑪瑙。奥南部之産。
4 越後産。石戈。浪華蒹葭堂蔵。其製同二石鏃一。堅剛如レ玉。長一尺二寸。廻七寸五分。
5 浪華蒹葭堂蔵。石質青瑪瑠。形状如レ図。出所南和州虎隠村山中。（斎藤註、図は原位置のままにした）
6 濃州賀□郡石原村三宅儀平携来。全躰如レ図。性質堅紋理。如二刷糸一。赤黄色。出得二信州木曽山奥一。
7 和州柳本釜口山普賢院珍蔵。大如レ図。同州法輪寺山内穿二得之一。
8 表如レ図。裏無レ地。鼠毛色。出所不詳。京都西洞院錦上嶋田宗順所蔵。

てこそ、其楽はしるべけれ。子（し）よくこれをおもへ。
寛政八年の秋、石亭翁のもとめによりて神代石の図を浄写す。しりへに或（わく）問（もん）を記して、神代石と呼ぶことはけをいふ。

浣華（かんか）井（せい）甘井識

神田孝平旧蔵写本

なお、別に、人類学教室には、もと神田孝平氏の所蔵であった神代石に関する一巻の図巻が所蔵されている。序文等はないが、中に五十二品が収録されている。

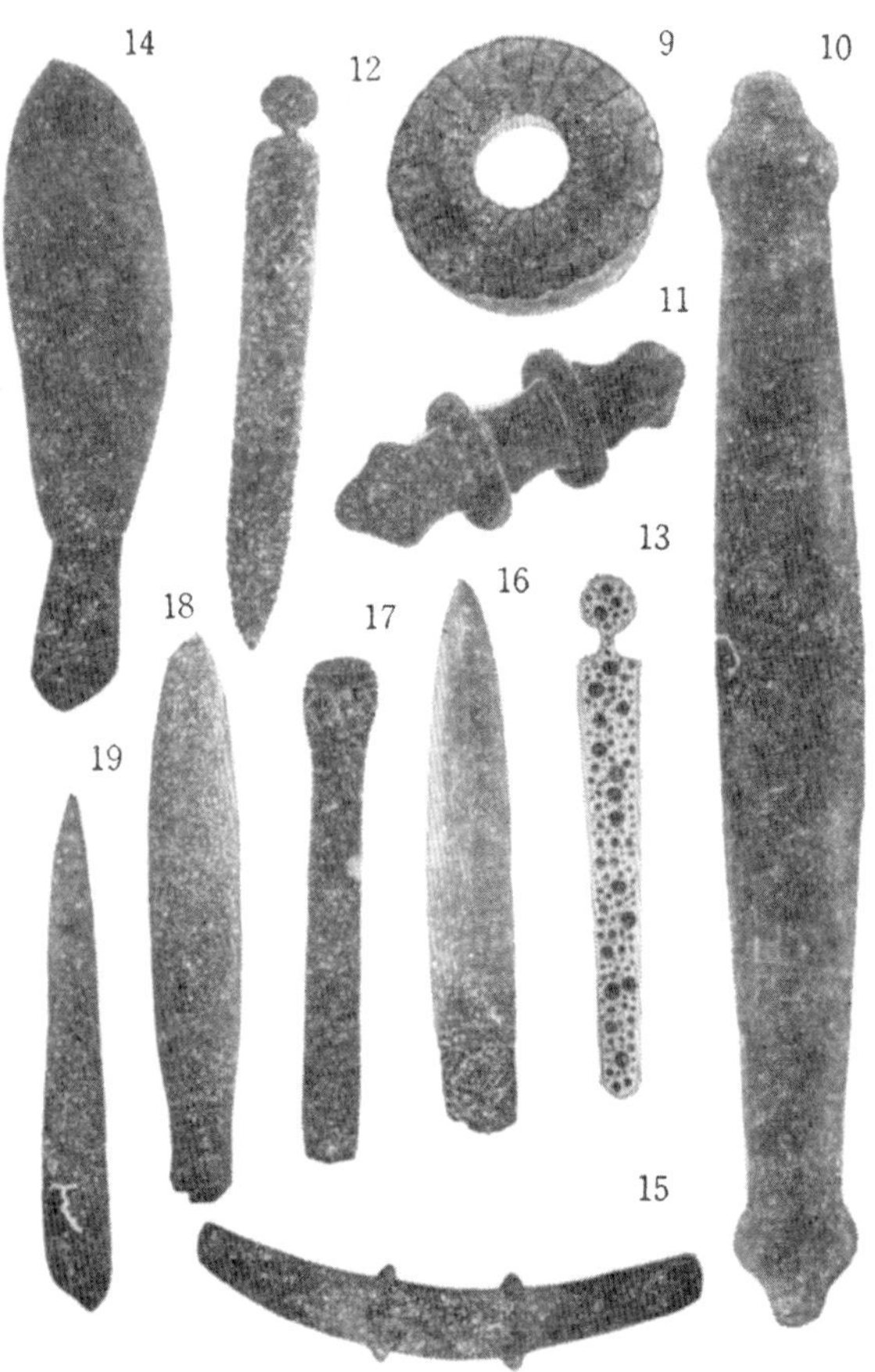

『神代石之図』(Ⅱ)

9 光彩如レ図。質堅剛。和州葛城山麓弁天山坂口村穿出。湖東石亭蔵。

10 光彩形状全□。如レ図。江州栗太郡於新堂村穿出。于レ時明和三年三月九日。湖東石亭主人蔵。

11 出所不詳。洛西於二民間一得購レ之。湖東石亭蔵。

12 其製類二石砮一。其質如二黒玉一。所レ得羽州羽黒山。湖東石亭蔵。

13 如レ図。長六寸九分径一寸厚三分半。性質堅硬。薄黒色。両面黒色。痣大小数殻。右表裏。如為合白筋。出羽国庄内近山拾得云々。明和三年酉三月。京都携来。東洞院姉小路上大和屋又右衛門於レ宅見レ之。則図写。

14 大サ如レ図。全躰マルシ。色黒奇品如レ玉。長八寸六分回リ太キ処ニテ七寸二分同柄ノ処ニテ三寸九分。

15 大サ如レ図。全躰マルシ。小シ。平ミ有。質堅硬。至品。

16 大サ如レ図。色薄黒。至品。全躰マルシ。堅硬。

17 大サ如レ図。色黒至品。全躰マルシ。小シ。イビツナリ。堅硬。

18 大如レ図。平タシ。原中ニテ七分。グルリ貝ロチ。色青。芥子粒ノ如ク白点アリ。至品。質堅硬

19 大如レ図。全タイマルシ。質硬上品。

これについて長谷部博士は、第十四から第三十八までの二十五品は、二木長嘯亭蔵品で、長嘯の自筆であるが、他の二十七品に関しては、漢文による説明文の筆蹟も石亭の自筆であり、付載の解説文も同じく石亭自筆であり、図もまた石亭の

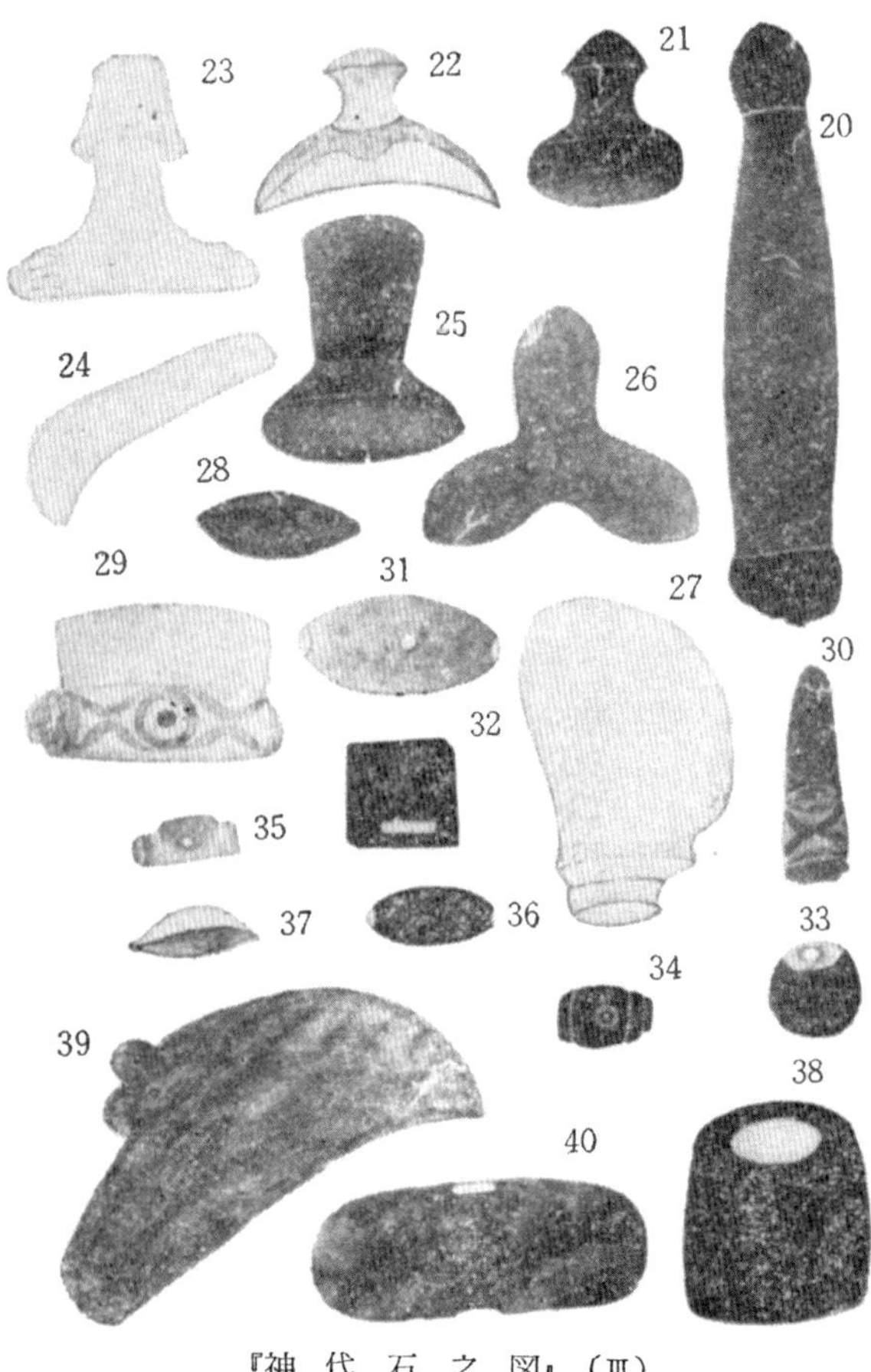

『神 代 石 之 図』（Ⅲ）

20 大如ㇾ図。色黒マルシ。中ニテ回リ五寸七分。質硬上品。

21 石質黒。如ㇾ玉。至品。大サ如ㇾ図。

22 石灰色。硬。大如ㇾ図。中品。

23 大如ㇾ図。灰色硬。中品。

24 大如ㇾ図。灰色硬。厚二分。下品。

25 大如ㇾ図。薄墨硬。上品。

26 大如ㇾ図。青。上品平タシ、厚サ中ニテ一寸グルリ貝ノ口チ。

27 大如ㇾ図。灰色質硬。肌アラシ。下品。

28 大如ㇾ図。上品。

29 大如ㇾ図。柔。下品。

30 全体マルシ。上品。

31 大如ㇾ図。厚二分。如ㇾ玉。奇品。四隅ノ丸穴オクリ穴アリ。

32 奇品。大如ㇾ図。色青透徹。如ㇾ玉。厚七分、穴両方ヨリ貫ク。中ニ穴アリ。

33 大如ㇾ図。丸シ。上平タシ。穴有。深三分。至品。

34 大如ㇾ図。至品。有二二穴一。中ノ穴深サ三分。

35 同上。上品丸シ。オクリ穴也。

36 同上。中に穴貫ク。全タイ丸シ。至品。中ニテ回リ五寸五分。

37 大如ㇾ図。灰色中品。

38 大如ㇾ図。上品。

39 形如ㇾ図。厚一寸。薄黒色。安永七年九月奥州蝦夷松前之間熊石之山中出。京都寺町御池上所木瓜屋佐右衛門所蔵。

40 京亨柳馬場八幡町上法泉寺所蔵。石甌堅硬。黒赤斑文。一穴如ㇾ図。産所不明。

筆と考証している。筆蹟は、他の書翰の上から察しても、やはり石亭の自筆と見るべきであろう。収録された五十二品の内容は、さきの鈴木一保浄写の『神代石

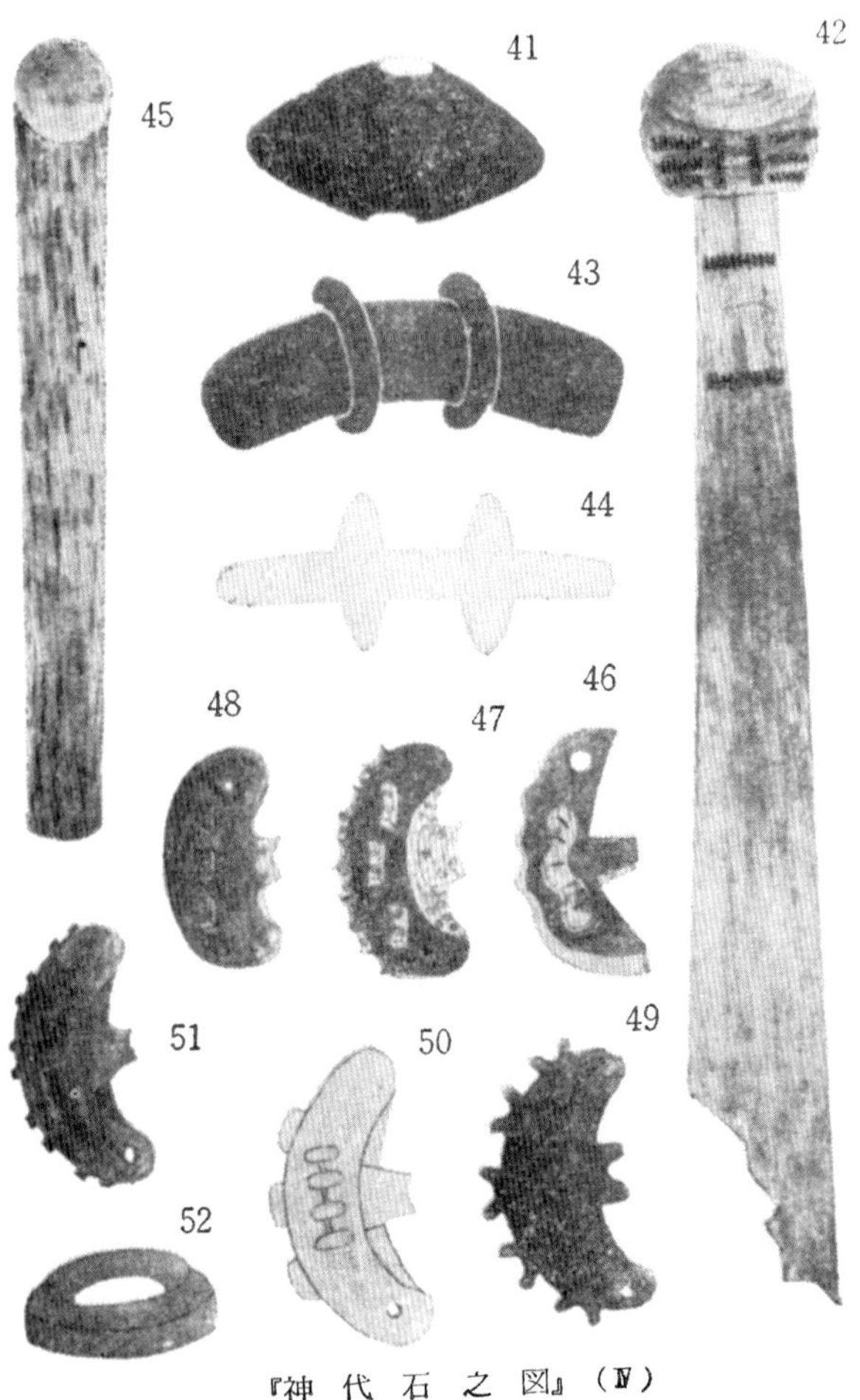

『神代石之図』（Ⅳ）

41 全備。如レ図。其質如ニ黒玉一。讃岐国阿野南郡陶村。福岡官兵衛所蔵。所得讃州白峰。

42 越後三嶋郡萩野城山中穿出。全躰如レ図。性青瑪瑙。同州脇野村信濃屋藤左術門所持大聖持(ママ)大君江献上。
今太守之御珍蔵ト成。

43 飛驒国高山福島滄洲蔵。其質堅剛。其色純黒。同州於ニ白河山一穿得。

44 飛驒国高山福嶋五右術門貯蔵。形状如レ図。白色堅硬。獲穿同州白河山。

45 奥南部産。号ニ雷槌一。勢州洞津福田氏蔵。

46 和州三輪山中所レ得。全備。如レ図。栗色。号ニ石剣頭一。勢州津福田久蔵愛玩。

47 紋理如レ図。栗色。出所紀州名草郡秋月村。江州草津駅。常善寺珍玩。（斎藤註、位置原図のまま）

48 出所不詳。質堅有ニ光沢一。鼠毛色。長二寸九分。周囲三寸二分。号ニ短剣頭一。勢州久居保田長参所蔵。

49 石剣頭。如レ図。質堅剛。青色。紀州日前宮於ニ神社地一穿出。淡海石亭主人蔵（斎藤註、位置原図のまま）

50 石剣頭。和州三輪山穿出。釜口山普賢院蔵。

51 石剣頭。形容如図。石質堅密。長三寸余。色濃鼠。越後頸城郡宮内村矢代大明神社地穿出。大聖持(ママ)大君
御寵玩也（斎藤註、原図のまま）

52 賀州大聖持(ママ)御城主御蔵也。神製御饌石。

図』のものに含まれている。ただし、図のそれぞれの配置や解説文の位置などはかなりかわっている（挿図参照）。浄写のものの方は、図の描き方なども丹念である。あるいは鈴木一保の浄写したものの底本などを基礎として、石亭が別にみずから作

製したものでなかろうか。

『社中奇石ノ図』

『社中奇石ノ図』

これもまた『著述書目』の中に記されている。石亭を中心とする弄石家の収集品の中特に逸品を図にしたものらしい。この著述については、たまたま二木長嘯あての手紙中にくわしくしたためられている（寛政三年十月二十九日付）。これによれば、上中下三巻にして各方面に配布する計画もあったようで、これを京都の木瓜屋（へちまや）佐右衛門のところで板行する手はずもととのっていた。但し費用の点には困ったようで、木瓜屋の意向で、半紙本にしてその片面に石図一つ、上に出所や持主や寸法等を書き、その彫代や彩色や紙や手間代などは、その石の所有者から申し請けるという苦肉の策をとった。しかし何らかの事情で上梓（じょうし）の運びに至らなかった。

三　学問上の見解とその業績

1　学問的な素養

石亭が、歴史上の人物としてその名声が伝えられたのは、単に奇石等の収集愛玩に一生涯を賭したというためではなかった。むしろ、このような一蒐集家に過ぎなかったならば、ただ趣味の世界に生きた人であり、蒐集品の散失とともに、彼の名もはかなく消え去ったであろう。彼の特色はあつめた石器類やその他の収集品を通し、また彼をめぐる周囲の交友を通して、研究の意欲をもやし、その境地に生きた点にあった。彼が、このような学問の世界にふみ入ったことは、彼にとっても幸いであった。

学問上の師

彼の学問上の芽生えは、物産学者であった津島恒之進に負うところが多かった。彼は、しばしば京都に居宅をもった津島恒之進を訪れて教えを受けた。その時には、石亭が奇石に熱意をもっているので、これに関することが話題になったらしい。『雲根志』前編には、その師津島如蘭先生から見せられたという天神石について劈頭に記し、対話中の二人の図をも紹介している。石亭は、後年に、石鏃に関して松岡玄達の説を紹介しているが、松岡玄達は、津島恒之進の師であり、津島からこのような話を仄聞したものであろうか。また、大坂の木村蒹葭堂も、既述のように石亭よりは若年であったが、そのめぐまれた財産を背景として、博識家として大坂に名を馳せていた。石亭は、この人からも啓発をうけることが多かった。石亭の処女作であり、また大著であった『雲根志』前編の跋文を、この人に依頼していることでも、よくその辺の消息がわかる。

和漢の書を読む

彼は、このような人々から学問上の教えを受けたとともに、若い日は、みずから、案外広く和漢の書をも渉猟し勉強したと見える。そして、この勉強は年とともにいよいよはげしくなされた。ことに、彼は各地に旅行し、その旅を通して、彼の学問的な教養を高め、視野を広くすることもできた。

彼が、自分の研究に文献的な資料をも広く引用したことは、各種の著書を通じてもわかる。もっとも、中にはいわゆる孫引きもあろうが、当時、本の入手にも困難なときに、近江の一閑村に居住して、これだけの本を引用したかに感服させられる。

彼の死後、藤原憲の撰した墓碑の文の中に、「載籍、石に渉るものは窺わざるあるなし。若し、試みに之を叩けば、応対すること流れるが如し」と記されていることも、およそ石に関する文献資料ならば、これをみなうかがいみたという彼の真面目の一端を示すものといえる。

試みに『雲根志』の各編に引用されている書籍を順を追うて紹介して見よう。

野客叢書　怪石供　稽神録　州図副記（以上前編巻一）　続日本紀　本草綱目和漢三才図会　山家集（同巻二）　源氏物語　三国伝記　荊州記　幽明録　寰

宇記　万物造化論　諸国里人談　桂海虞術志　尾張風土記（同巻三）　富士山記　述異記　南海古蹟記　雲林石譜　山海経　金華遊録（同巻四）　随書　日本書紀　怪石供　神宮雑事記　異国来往記　訓蒙図彙　玄中記　格古要論（以上後編巻一）　瑯琊代酔篇　名山志　宋史　五行史　事文類集　洞微志　東鑑　続日本後記　五雑俎　本朝文粋　三代実録　馬史日抄（同巻二）　竹取物語　西京雑記　宣都山水記　金台紀聞（同巻三）　雍州府志　元亨釈書　大明一統志　夫木集　酉陽雑俎　織田軍記　永閑記（以上三編巻一）　埤雅　食物本草　夷堅志　星槎勝覧　万葉集　王代一覧　交州記（同巻二）　晏渓志（同巻三）　林水録　開天伝信　留青日札　前涼録　南蛮記（同巻四）　源平盛衰記　江表伝　水経　郭頒魏晋俗語　宋志　賈氏談録（同巻六）

研究への絶えざる進歩

なお『雲根志』の前編・後編・三篇のそれぞれの内容について見ても、彼の学問への精進のあとがたどられる。単に、奇石類の資料を紹介するという前編から、やがて後編、つづいて三篇になると、学問的に考証をもとめようとする傾向も強くなった。ことに、石器や石製品などの分類法を見ても、後編では、車輪石を像形類に入れ、鏃石・曲玉・天狗飯匕（めしかい）・神代石・雷環などを鐫刻（せんこく）類に入れて、統一を欠いていたが、三編では、この種のものをことごとく鐫刻類に収めた。また、石器の名称なども、後編では、霹靂碪（へきれきちん）・雷杖・雷環などのように、中国古文献の影響のあとが強かったことが、三編では、神代石・神代手斧石などの名を用い、次第に自信を強めたあともうかがわれる。

友からの鞭撻

彼の勉強には、多くの交友の力もあった。全国的に多い弄石の友は、彼に対してのよき資料の提供者ともなった。ことに谷川士清（ことすが）・平賀源内など、当時の名高い人物も、彼の交友であり、しかもよき先輩でもあったことは、彼に学問的な鞭（べん）撻（たつ）をあたえたことであろう。

2　学問への態度

蒐集家といわれるもののくせ

世にいう弄石家とから蒐集家とかいわれるものの中には、その見解を発表する場合にも、とかく独断的な奇矯的なことが多く、やがては批判の的にもなるものであるが、石亭には、案外このようなくせがなかった。これは、石亭が弄石の仲間から尊敬され、中心的な人物となった大きい理由でなかったろうか。彼の学問研究の態度として、よい面を指摘すれば、慎重さ・熱心さ、ということがあげられる。

出土地を把握する

彼の慎重さは、まずそのあつめた資料についても、一つ一つ、その出所などを明らかにしたことでもうかがわれる。出所を一々記録した態度は、彼の著である『奇石産誌』を見てもわかるが、二木長嘯への手紙の中に、「国郡名、名山名、年歴、御書き記し希ひ奉り候」（天明八年五月十四日付）とあることで知られる。また、西遊寺鳳嶺あての手紙には、

此間御咄被レ成候口なしの壺、掘出し申候所と、今持主と、壺の大さと、御

書付可レ被レ下候。壺の図へ書入度候。

といっている。考古学研究に最も重要な出土場所については、確実に把握することも忘れなかったのである。

また、自分が実際に見ないものは、はっきりと知らないという態度をもとった。たとえば、

> 或人云、甲斐国郡内、郡谷（こおりたに）村の後なる山中に稀に一石を得ると。（中略）本の方に柄ありよつて里人わさびおろし石といふと。余いまだ取得ざれば、其実をしらず。（『雲根志』後編巻四、鐫刻類）

軽々しい断案をさける

というように表現している。ことに、考証には、軽々しい断案をさけて、わからないことは後考をまつという態度をとった。さきに記した『天狗爪石奇談』には、「謹しんで按ずるに、造物者の秘する時あり、顕はるる時あり、後人時を得て考勘あれ。」といっている。『龍骨記』の中でも、

予龍骨の記は、嘯骨・非龍骨を争にあらず。六十年来、見聞する国々より穿出せる産所・形状・時日を人の需(もとめ)に応じて記すのみ。考究は後の君子に譲るのみ。

と記し、事実の報告にとどめ、研究は後世にまつという慎重さがあったのである。したがって、同じく『龍骨記』の中で、

予謂(いう)、目に見、耳に聞たるの外、天地の間に物なしと思ふは、闇愚(あんぐ)の至りなり。

とのように、狭い見聞だけによる判断をも警戒している。また、二木長嘯への手紙の一節には、次の見解を述べ、広い視野に立たなければならぬことを示している。

広い視野に立つ

上古製の石の事ばかりに御心が留り申候ゆへ、如レ此の御考になり申候。近年諸国神社の地、或は山中・海底等より出申候上古製のかなもの夥(おびただ)し。是を

見申すに、今の了管（りちうけん）にては、とんと遣（つか）い方も用法もなし。何の役にか立（たつ）間敷（まじき）異類・異形のかな物しかも甚だ六ケ敷（むずかしき）細工にて、至って結構なる物共出申候。
（寛政四年閏二月二十四日付書状）

といっている。また、同じ二木長嘯あての手紙の一節には、

七―八千年も前の事故、名の知れぬ物夥しき筈也。急には知れ申間敷（まじく）、是も又七―八千年も後には、一々知れ可レ申、時節を待給へ。（寛政四年書状付箋）

とある。

七―八千年の後にはわかるだろう

すなわち、何にせよ七―八千年も前のことだから名のわからぬものも多いはずであり、急にはわからないとしても、七―八千年の後世には一々わかるかも知れぬ。そのようなわかる時節をまったらよいだろう、と述べているのである。ある諷刺をもふくませた表現ではあるが、彼の慎重さの一端もよく示されている。

彼の学問への熱心さもまた異常であった。彼が、他人の宅を訪れても、石に関

する話になると、時間を超越した。『雲根志』を見ると、その異常さは随所にあらわれている。

予此頃京師に出て奥州松前江指村村上八十兵衛といふ人と数日談話に及ぶ。（三篇巻五）

美濃国野中村正伝禅寺と同癖の交をなす事年あり。ひととせ院を訪れて、三日三夜好事を談ず。（同巻三）

など、その例である。

数日石の談話をつづける

このような熱心さをもって、しかも矻々（こつこつ）と倦まない努力をつづけた。『奇石産誌』や『雲根志』などは、全国にわたる資料を丹念にあつめているが、その努力はながい年月にわたる蓄積であった。『舎利辨』をあらわすためにも、各地のこれに関する奇談をあつめるとともに、文献の渉獵（しょうりょう）をもかなり行なっており、これを和漢の故事として巻末に集成した。『龍骨記』の中の付録の文献資料もまた、同じ努力によったものであった。したがって資料をあつめる場合、自分で行って見られないものは、その他の同志に依頼して図面をもとめる努力もなされた。

表現の的確さ

なお、彼の学問上の研究の方法として、よい点は、文の表現がかなり的確であるということである。たとえば、石器についても、欠き肌とか磨き肌という表現を用いて、今日にいう打製と磨製とを区別した。石製品や石器などの記述も、簡潔でよくその特色をとらえている。彼の文章は巧みではなかった。しかし、その表現に巧まないうまささと簡明さとがあった。たとえば車輪石については、

車輪石の説明

其形状丸く或は飯櫃なり。あるひは平にして中厚く端は薄し。大さ指渡し三寸、或は五寸、或は八−九寸。色薄白く木理ありて、木の化せしに似たり。菊花のごとくに彫て、中に一の穴あり。今の茶台・盃台の形にして、穴のさしわたし二寸ばかりあり。甚だ稀なるものなり。

と説明している（『雲根志』三編巻五鐫刻類）。

これを読んでみても、簡潔の中によくその特色をとらえていることがわかる。なお文全体のまとめ方にも手ぎわがよかった。

寛政八年に『天狗爪石奇談』をあらわして多くの資料を集成して説明を加えたが、その後に刊行した『雲根志』三編には、天狗爪石の一項を設けてこれをまとめている。しかもそのまとめ方はきわめて要を得ている。

資料に開放的

その他に、彼の学問的な態度のよい面をあげると、資料にかなり開放的だったことである。とかく珍品を秘めかくすくせのある蒐集家と異なって、珍蔵のものをも訪れた人にはよく見せ、図写をも許した。また、『雲根志』三編の中には、碓氷峠の山中で拾ったという石靫（いしうつぼ）に

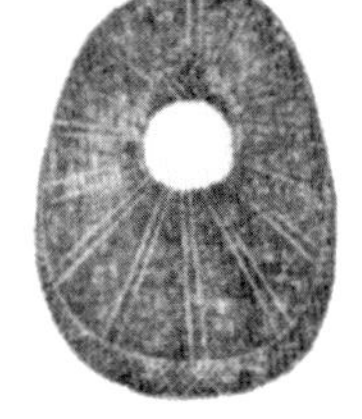
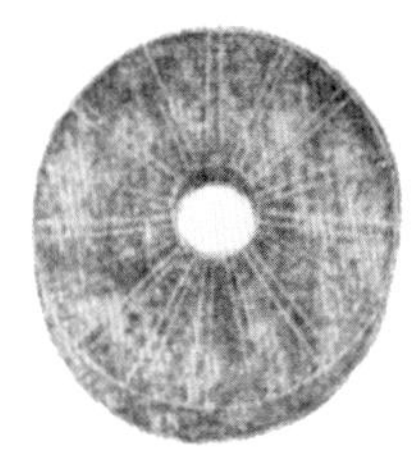

車輪石の集成（『雲根志』三編による）

ついて述べ、

其山中谷間をしばらく尋ぬるに、古代の神石種々の形なる物の折欠たるまゝあり。此所をくはしく吟味せば、古代の奇石猶あるべし。後の人こゝに至りて尋ね求めたまへ。

というように、発見地を知らせ、同地にたずねゆかれんことを希望していることなども、開放的な一面を語るものであろう。

石の祟りを否定する

また、石に祟(たた)りがあるというような考え方については、はっきりとわりきった意見をもっていた。二木長嘯への手紙の中に、

石之棒珍説々々。是は仮令(たとい)長さ一尺にても不レ苦(くるしか)。ほしき物に御座候。石の祟説は何方(いずかた)にも有レ之事に候へ共、少(すこし)も無レ之事に御座候。何卒御手に入候様と奉レ存候。(寛政元年五月九日)

といっている。すなわち、どこでも見られる石の祟り説を否定しているのであり、

当時として科学的な態度というべきであろう。

このようにして、彼の研究の態度にはいくつかのすぐれた点を指摘することができる。彼が二木長嘯にあてた手紙（寛政四年書状付箋）の中に、

研究の方法

和漢の書と故人の考と自然の利とを以て自身の発明にて究極す。

の一文がある。ものの考究というものは、和漢の文献と、先人の考えと、自然のことわりとを考慮に入れ、そして自分自身の考察でなされるものだというのである。これこそ、彼がながい間の研究によって到達した学問への態度であり、研究の方法として、今日でも光彩をはなつ真理といわなければならない。

3　研究の業績

一途の道を歩む

石亭が、考古学の面で示した業績の中心は、今日でいう縄文式文化関係の石器や、古墳文化関係の石製品に関してであった。この種の石のものに、彼の研究の新面目（めんぼく）があり、独擅場があった。彼が、これに集中し、一途（いちず）の道を歩んだことは、

幼いときからの好みをそのまま助長させたものであろうが、いわゆる「なんでも屋」にならず、賢明な行き方であった。彼と同じ時代、藤貞幹（とうていかん）があり、『古瓦譜』をあらわし、『好古日録』や『好古小録』を上梓（じょうし）して、埴輪に触れ述べたり、歴史時代の遺跡や遺物を紹介した。石亭が、もし埴輪とか鏡とか古瓦などにも興味をもち関心をいだいたならば、近江の国に居住していて、京都や奈良にも近い関係上、数多くこの種の実物にも接し、また実物をもあつめ得たにちがいない。そして、貞幹やその一派と競争的な意識をもいだいたかも知れない。石亭は、このような多方面の分野にわたる蒐集や考証をさけ、石器・石製品という狭い分野にのみ力をそそいだのであった。そこに、彼の研究の潑剌さがあり、特色すらあった。

地名表的なものの作成

この種の石器・石製品を通じ、彼が考古学方面に果たした一つの役割は、地名表的なものの作成であった。ことさらに意識して地名表を作ったものではないが、諸国の石を産出地ごとに分類したことは、おのずからまとまった地名表となった。

たとえば、彼のあらわした『奇石産誌』を見ても、石器や石製品関係のものでも、各地にわたって一八五ヵ所をあげており、地名表をなしている。

集成図的な作製

また彼は、この種の資料について、できるだけ図をつくり、集成図的な製作をなし、形式分類をもなした。ことに、その図は、彼の所蔵している資料についてだけでなく、他人のもっている品々にもわたった。集成図的な示例については、たとえば、当時神代石の中に含めていた一種の石製品――今日いう琴柱(ことじ)形石製品――をも、「持来る数四つ、同物にて形をのをの異なり」(『雲根志』三編五)として、四つを全部図になして掲載している。また子持勾玉――当時は石劔頭といわれていた――についても、五例の集成図を示し(挿図参照)、石刀(今日の石製模造品の刀子)についても、「大抵同物にして形異なり。三品とも上品にあらず、形図の如し」として三例を図示している(同上)。さらに、今日、石七(いしさじ)または石小刀といわれる石器で、当時天狗飯七と呼ばれていたものについても、彼みずからの蒐集品十例に、他人の所蔵

考証の勘のよさ

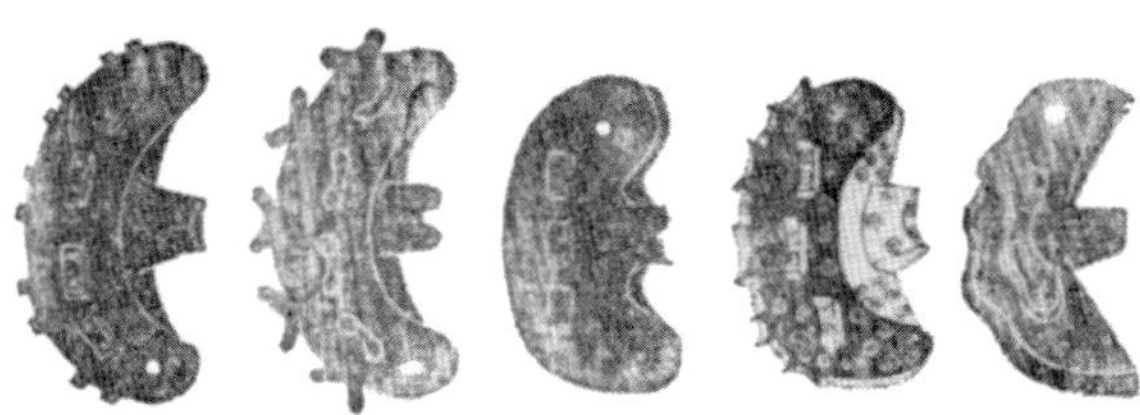

石劔頭（子持勾玉）の集成（『雲根志』三編による）

品十八例を加え、そのすべてを形式的に分類して集成図をつくっている。しかも、所蔵者等の名をもそれぞれ記入した（挿図参照）。また『曲玉問答』の中では、勾玉・管玉等について集成図を作製するとともに、須恵器に関しても、その図をまとめており、勾玉・管玉等については、大いさの上からの形式上の分類をもなした。彼は、このように地名表的な集成図的な基礎仕事をなすとともに、みずから進んで、石器・石製品を中心として、その用途や性格や時代をも考証し、学問の世界に突入した。彼の考証には、一つの勘のよさをもっていた。たとえば石鏃や石斧や勾玉等の年代観について、「人もなき時、今より七－八千年程も昔と思召（おぼしめ）せ」などと、二木長嘯に示してい

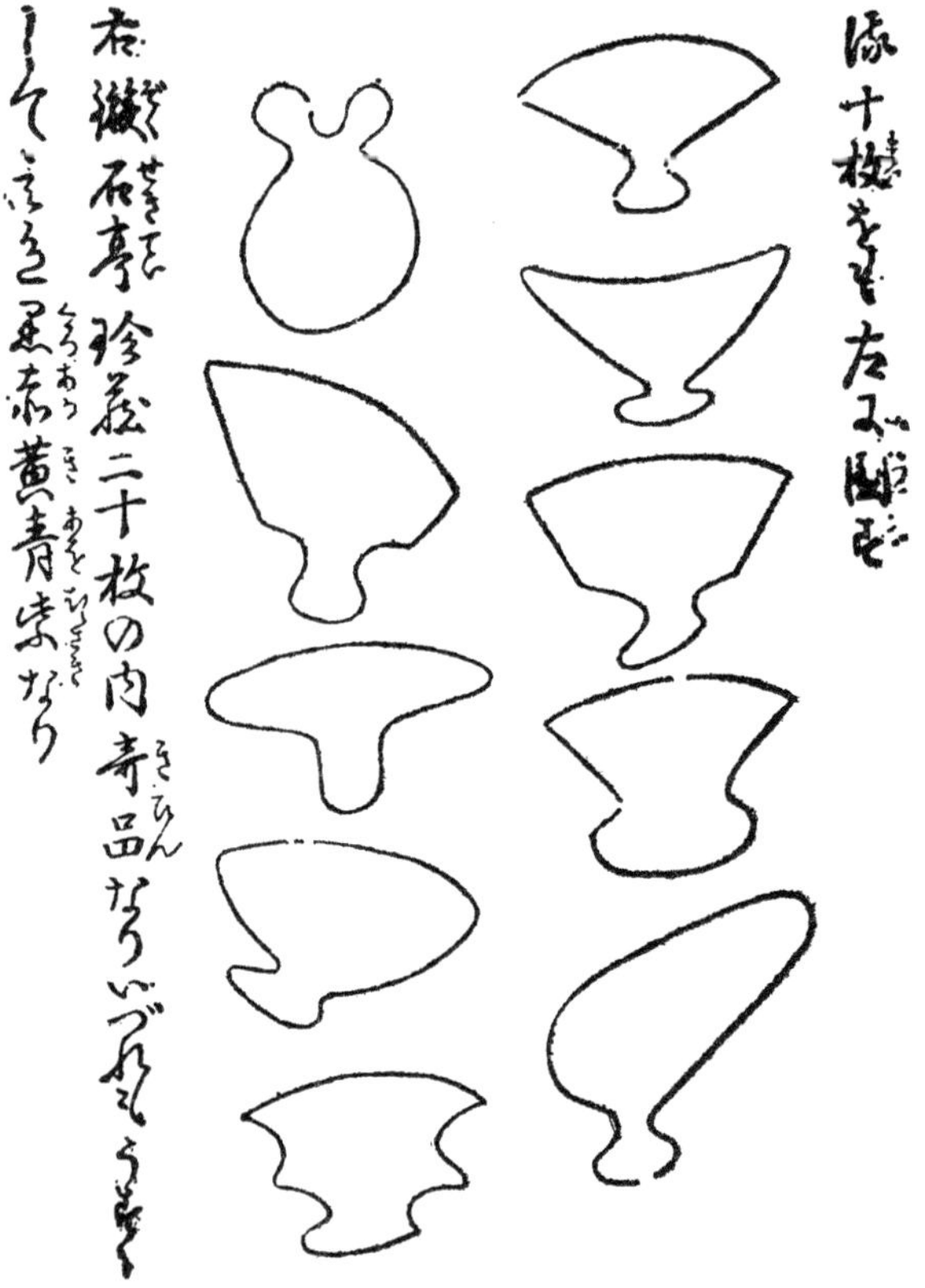

石 匕 の 集 成（『雲根志』後編による）

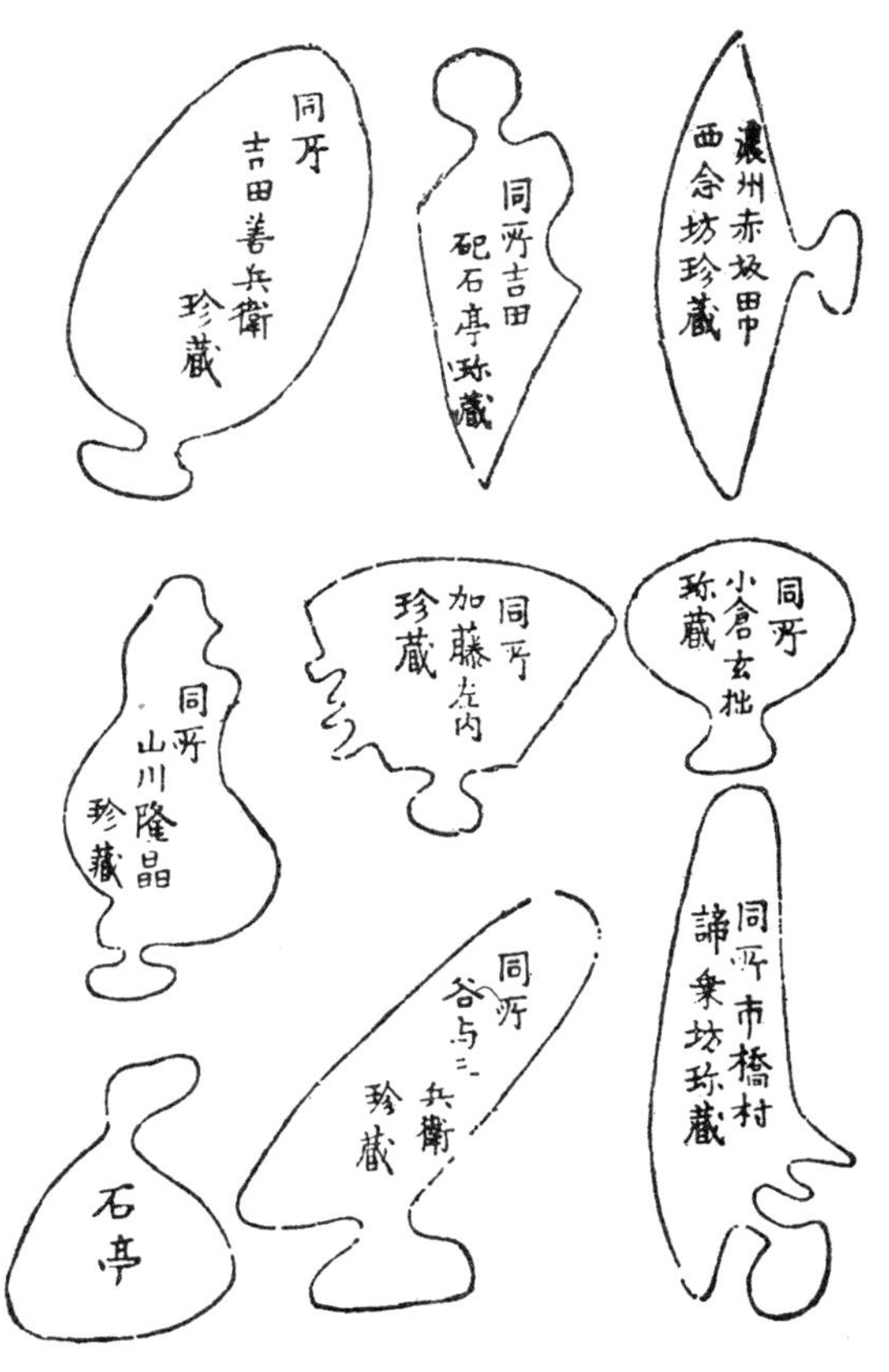

濃州赤坂田中
西念坊珍蔵
同所吉田
硯石亭珍蔵
同所
吉田善兵衛
珍蔵
同所
小倉玄拙
珍蔵
同所
加藤左内
珍蔵
同所
山川隆晶
珍蔵
同所市橋村
諦象坊珍蔵
同所
谷与三兵衛
珍蔵
石亭

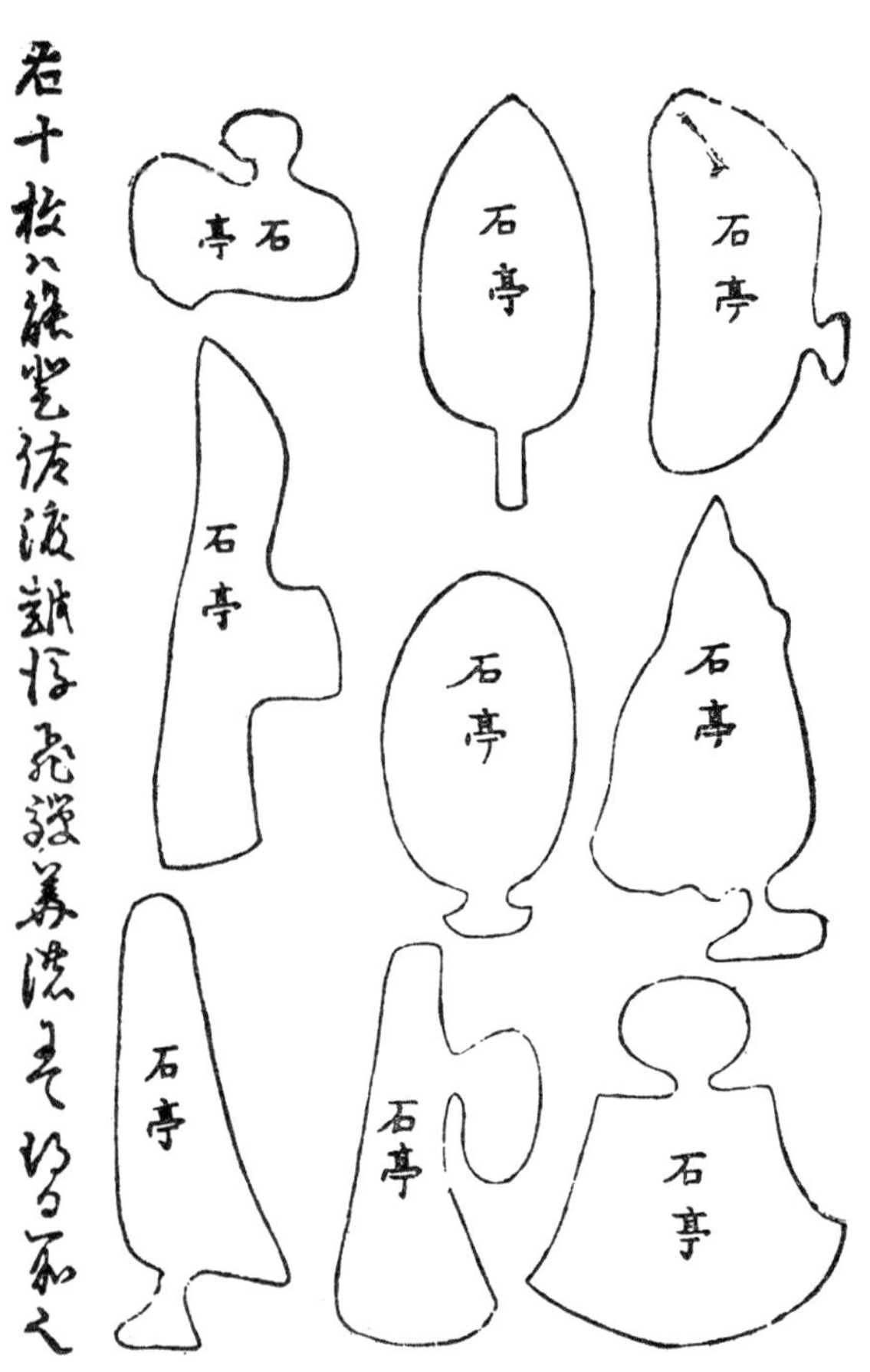
石亭
石亭
石亭
石亭
石亭
石亭
石亭
石亭
石亭

る。少なくとも、石鏃・石斧に限って考えれば、その背景とする縄文式文化の絶対年代を、このように明確に述べていることは、江戸時代の学者としての一卓説といってもよい。また、石器等に関して、一見まちまちのように見えるものでも、形もそなわっており、それぞれの用法もあるもので、決して、めったやたらのいい加減のものでないということを、二木長嘯への手紙にしばしば説いている。しかも、

めったやたらの作でない

只今の人の心にて、只今の遣ひ方、用法により考申候は、違可レ申候。

（二木長嘯あて、寛政四年正月二十三日書状）

といっているように、今日の人の気持や、今日の用例で考えることには間違いもあるものだとする意見も面白い。

石鏃に関する考察

ことに、石器類の用例において、一見識を示したのは、石鏃に関してであった。石亭を中心として弄石の風潮がさかんになって以来、石鏃もまた各地で少なから

ず発見されるようになった。ことに、依然として神軍のつかったものとする俗説が広く行なわれていた。早く享保十年（一七二五）に、新井白石も、粛慎族の使用したものとする新しい見解を洩らしたこともあったが、石亭また『雲根志』後編の中で、「予、嘗て、鏃石天工にあらざるといふ別に説あり。同志の人を待つてこれを弁ぜん。故にこゝに書さず」と公表して、人工説をほのめかした。その後十五年へた寛政元年には、『鏃石伝記』をあらわしてその所見を堂々と述べた。もっとも、人工説をとなえても、白石の考えを踏襲して上古粛慎国の鏃であることをみとめるとともに、蝦夷もまたこれを使用したことに触れ、蝦夷より遙か東なる国にも石鏃を用いていることをあげるなど、その視野も広かった。

なお、清野謙次博士は『日本考古学・人類学史』上巻の中で、『石亭諸考』という半紙二十枚の写本のあることを紹介している。これは原本の筆者は不明だが、木内石亭述と記してあるので、石亭の口述したものをメモしたもののようであり、

あるいは石亭の没後に整理したものかも知れない。この本によると、石鏃に関しても興味ある見解が述べられている。すなわち、

余往年奥州会津ニテ多ク得ル。其出ル処二十二ケ処アリ。何レモ出ル処皆圃中ニテ、其地ノ名ヲ社寺・古寺ナド、如何ニモ古名ナリ。其処ニ至リ先之ヲ作リタル種々ノ余屑アルヲ見テ尋レバ、一所ニテ種々ノ品ヲ得ルアリ。其余屑多クアレドモ、素焼ノ土器ノ破片ナキ時ハ、必シモ石砮有ル事ナシ。又其余屑モ他所ニテ嘗テ見当ラザル珍石ナリ。余、拾ヒ来テ試ニ石砮ヲ作リ見ルニ、中々鉄鎚ニテ打缺テ、能ク其形ヲ彷彿タル事ヲナサズ。其余屑中ニ形ヲ作ント欲テ、未ダ全ク成ラザル者アリ。因レ是観レ之、上代ノ人造ノモノニ疑ナシ。余按ニ、上代此製造ノ法有テ、之ヲ能ク造成ト見ヘタリ。今其法断テ伝ハラズ。

石亭の考えとしては、最も進歩したものであろう。ことに、出土地のことに触れ、

石器の残屑のあることをのべ、素焼の土器が伴出することを記していることは実地に即した新しい見解であり、みずから石器をも製作して、その製作の技術の実際に想到したことも、興味あるものである。そして、ここにも、上代の人造のものであることに疑いをさしはさまず、はっきりした意見を提出している。恐らく、石亭の晩年の考えと見てよいが、このような石鏃人工説及び実証的な研究の一端は、当時弄石家の仲間にも、大きい影響をあたえたことはいうまでもない。

また、勾玉に関する考え方にもすぐれたものがあった。すなわち『曲玉問答』で発表しているように、勾玉をもって国産のものとなし、古墳などから発見されても葬具としての不浄なものでなく、生前につかったものを土中に埋めた副葬品的なものと考え、沖縄の土俗に用いているのは、わが国の古俗の絶えたものがたまたま沖縄の辺鄙な地に残ったものとなし、奈良の寺院の仏像の天蓋に勾玉の飾られているものをもって、古いものの伝承されたものが用いられたのだとするなどがその例である。

沖縄の勾玉と東大寺三月堂本尊垂下の勾玉の研究

話題を別に転ずるが、近年の考古学研究においても、沖縄の勾玉や、東大寺三月堂の本尊の垂下の勾玉については、学者の研究の対象になったことがある。沖縄の勾玉については、故島田貞彦氏は、「琉球勾玉考」と題して発表し(『歴史と地理』三十一巻一号)、ノロクモノ又はノロといわれる祝女の用いている頸飾にあるいわゆる「琉球勾玉」は、沖縄所在の古墳出土品でなく、島外からの渡来品と考え、島外は本邦か朝鮮半島の南部かはまだ問題があるとしている。また、三月堂本尊の垂下の勾玉については、梅原末治博士が「東大寺三月堂本尊宝冠垂下の勾玉に就いて」の論稿を発表し(『史迹と美術』第二〇輯一、昭和二十五年)、古い伝世品を集めたものと考えた。このことを思いあわすとき、偶然とはいえ、石亭の考え方にもこれに近いものがあったのであり、彼の勘のよさに、今更ながら感服せざるを得ない。

神代石への意欲

しかも、晩年に、彼が、格別な関心をよせ、たくましい意欲を向けたものに、神代石があった。彼がみずから「諸国一統、神代石流行なり」といったように（寛政八年十月五日二木長嘯あて書状）、当時、全国にわたって弄石家の間に神代石が流行した。彼は、この風潮の中にあって、神代石の収集研究の中心的な存在をなしたのである。

神代石の意味

さて、神代石というものについては、私もこの著の中でしばしば触れてきたところであるが、この機会に少しくわしく述べて見たい。神代石は『雲根志』三編の目次の中に「じんだいせき」と振り仮名をつけているので、そのよみ方がわかる。神代石の説明について、石亭は随所に、「上古の神石」とか「古今数なき奇石なり。古代神工の物にていかなる物とも知る人なし」とか、「古代の神物、何たるものとも知る人なし」とか、「異形の神石」とか、というような表現をしている。ことに、石亭が、二木長嘯にたのまれて書いた『神代石図巻』の序文には、

天巧にあらず、人作にあらず。其形容一たらず、何たる知る人なし。是を神代石と称して弄石家珍蔵尤甚し。

とあり、神代石の定義がよくあらわされている。すなわち、神代石といわれているものは、自然のものではない。さればといって人間のつくったものでもない。神代といわれる悠遠な時代に神のつくった神物なのだという考えが、通念であったようである。したがって「めったやたら」にいい加減につくられたものではないが、今日この用途も明らかにされないものでもあったのである。石亭の考えている神代は、当時の国学者などの間に考えられているように、人智をもってはかり知ることのできない、くしびなるはたらきをする神々の住み給うはるかなる時代のものであったが、一面、石亭は「おもふに上古をさして神代と云ふ」ともいっており（『鏃石伝記』）、上古とかあるいは古代というような時代の観念をもっていた。

神代という観念

このような時代に神のつくった石器または石製品で、用途はわからないが、形といい技巧といいすぐれた立派なものが神代石として取りあつかわれていた。神代石というような言葉を、誰が発明したかということも問題になるが、どうもこれ

神代石の命名者は石亭

は石亭のみずからの命名らしい。それは、「著書」の項でも紹介したように、石亭の自序があり、鈴木一保に浄写してもらった『神代之石図』の巻尾に、一保の跋文が記されており、この中に

神のみわざの正しく、今の世に残て世に顕はるるは、太平の御代のめでたきを愛で給ひたる神の御こゝろなるべしと、神代石とやすらかに名付しは、翁の心の能く皇朝のいにしへをしれりといふべし。

とあることでも考えられる。文中の翁はもとより石亭を指しているからである。では、命名者でもあり、神代石というものを最もよく知悉していた石亭は、神代石を、具体的にどんな石器または石製品に対して考えていたのであろうか。

神代石というものは、今日、学者の中には、一般に、縄文式時代の石器や古墳時代の石製品をもすべて総称したのだとする見方もある。しかし、石亭自身の本意は、このような総称でなく、石器及び石製品の中のある特殊なものを対象にした

らしい。これは、安永から寛政のはじめ、すなわち、石亭が五十代から六十代のころにわたってまとめたものと思われる『奇石産誌』には、曲玉・車輪石・鏃石・雷斧等と併称的に神代石を別に述べている。そしてその例には、「萩野にて拾ひ得たり。形は茶台の如く、鍬柄の如く、上古のもの也」として、恐らく鍬形石とみなされるものをあげている。また、彼が、五十六歳のときに上梓された『雲根志』後編では、鐫刻類の中で、鏃石・曲玉・雷環・天狗飯匕等とともに、神代石として次の一例を紹介している。

古地又は社地を掘て間奇石を得る事あり。是神代の物にて、今の人の知るべき所にあらず。飛騨の高山に好石の友、福島乃某滄洲と号す人あり。明和八年九月高山近辺白河といふ所にて掘得たりとて、奇石を恵めり、其形長さ八寸、ふとさ一握り、少ゆがみてひらみあり。中に二つ鍔あり、両方には刃方あり。同じ所より掘得たるとて、かたちは寸分ちがはずして、黒色なると、白色なるとの二つを掘得たるとて、白き方は主人とどめ置、黒き方を予に投(とう)ず。今珍蔵の一つとす。是何たるものといふ事をしらず。

独鈷石・鍬形石・琴柱形石製品・石棒

これは、今日にいう独鈷(どっこ)石である。また、彼の研究の大成したころ、すなわち七十八歳のときの『雲根志』三編にも、鐫刻類の中で、曲玉・車輪石・青龍石刀・石剣頭(子持勾玉のこと)等とともに、神代石として四例をあつかっている。これらも、説明文によって、一は独鈷石、一は鍬形石、一は琴柱形石製品、一は石棒であったことが知られる。しかも別に、神代筒石として管玉状のもの、神代手斧石として弥生式時代の石斧とみなされるものを記しており、この場合、神代石と区別されている。この三編の巻五にのせた「諸家所蔵神代石図」には、石棒・独鈷石・青龍刀石・石冠の如きものを収めている。石棒を神代石と考えたことは、二木長嘯あての手紙にも、越後(新潟県)から目方十貫余の神代石を入手したことを報じており、この神代石が、図から見ても石棒であることでもわかる。石剣や石冠の類を神代石とみとめていたことも、同じく二木長嘯あての手紙の中に、神代石の図二枚の恵与について謝意を表している内容のもの（寛政二年五月八日付）があるが、この二枚の図は石剣と石冠であったことでも知られる。他面、天狗飯匕（てんぐのめしかい）のような石器は、神代石とははっきりと区別していたらしい。二木長嘯あての手紙に、飯匕（めしかい）七十枚を集めてほしいことを無心し、もしそのお世話ができたならば、当年中に神代石一品の恵投の無心はとりやめてもよいといっていることは（寛政九年正月十七日）、その辺の関係を示すものであろう。

用途や命名に苦しむ石器と石製品

このようなことを考えてみると、石亭自身の本意は、縄文式文化関係の石棒・石冠・独鈷石など、古墳文化関係の鍬形石・琴柱形石製品などのように、要するに当時その用途や命名に苦しむかなりつかみどころのない石器や石製品を、神代石と命名したようである。しかも、これらは自然のものでなく、神という神秘的な性能をそなえたものがつくったものとされ、おのずから、製作技術にも妙（たえ）なるものがあり、当時の弄石家が競ってその収集に努め、これを愛玩し誇り合ったのであった。もっとも、この種の神代石の蒐集熱が活潑になるにしたがって、石亭の本意は十分に理解されず、漠然と広く、石器や石製品の一切が神代石の名のもとに取り扱われるようにもなってきた。いわば、神代石の名称の乱用である。同様に、神代物というような名でも、漠然と広く石器・石製品その他も総称された。このころ流行した神代石図巻の類などに、広く石器・石製品関係の色々なものが収められたものもあるのは、このように神代石が第二義的に、広い範囲に考えられたためである。

神代石研究の権威者

とにかく、石亭は、神代石に関して、その蒐集にも鑑定にも研究にも、当時最高の権威者として、弄石家の仲間の重鎮をなしていたのである。ことに『神代石之図』のような集成図的なまとめをもなし、また実地をも歩き、出土地の状況についても関心をはらっていた。

神代石之義、寺社の古跡或は田畠より間々掘出申候処、尤も無レ之もあり、山中何の訳も無レ之所より出る事も間々有レ之候。

（寛政五年六月十五日付二本長嘯あて書状）

とのべていることも、その一例であろう。また、研究的な面においても、七－八千年も前の事と考え、そのようなはるかな時代のことを、何をもって考究できるか、神代石にも「訳（わけ）の知れ申さざるもの」もあるであろう。当時「その心々によりて道具の形を学たるもあり」、また「その石に思ひ付ての形もあり」と考えていることなども、さすがと思われる。今日の考古学の知見においても、石棒にせよ、石冠にせよ、または鍬形石にせよ、なお考証の余地が残されている。石亭は軽々しい断案をさけ、課題を後世に残したのであった。「拙老のごときの闇愚の者に考なし。後の巧智を待のみ」といっていることも、賢明な態度であった（寛政四年五月二十四日二木長嘯あて書状付箋）。

なお、付言したいことは、長谷部言人博士は、石亭の神代石研究に関連して、石亭は神代石をもって日本人祖先の遺物と考えたとなし、石亭が石器時代人を日本人祖先となしたという説をみとめ、この学的知見を高く評価している。しかし、石亭は神代の神すなわち日本人の祖先と単純に考えていたかは、なお考証の余地があるのであって、石亭の考えていた神は、はるかに神秘的な抽象的な意味の神性をもったものであったのでなかろうか。

また、石亭は、石器・石製品を中心として研究を進めたが、『曲玉問答』の中では、祝部土器に触れ、この種の土器十五例を図にしており(挿図参照)、次のようなことを述べている。

近年、此壺諸国に穿出す。大小・形状、等しからず。すべて尻丸く、居底なし。至て異形の物あり。奥に図す。何(いず)れも今様の物にはあらず。内に曲玉入たる物稀にある故に、近世曲玉壺と号(なつく)るか。然ども壺中曲玉のみにもあらず、管玉・臼玉・弾子或は古代の金具の類等あり。十に八―九は空壺なり。按ずるに、上代は万事質素なれば、造酒も入り、曲玉も入り、菓子も小道具も入れたるなるべし。

このころ一般に信ぜられたように、壺にはみな勾玉がはいっているとする説に必ずしも肯定的でなく、むしろ空壺が多く、当時色々なものを入れたということを考えたことなど、須恵器（すえき）に関する一知見であった。

舎利に対する見解も注意すべきものであろう。すなわち『舎利辨』において、舎利をみな仏身より出るもの、あるいは空中より降ったものとする考えを否定し、実際は鉱物類を舎利としたのだとするのであり、彼の一見識を示すものであった。

考証のミス

このようないくつかの見るべき説もあったが、反面その考証にも誤解のあったものもある。たとえば、子持勾玉に対して、谷川士清（ことすが）の考えたような神代太刀の頭とする説を踏襲（とうしゅう）した点なども、その例であるが、当時としては、やむを得ぬものもあったのでなかろうか。また、あわせて、著書の内容にもいくつかの杜撰（ずさん）の点

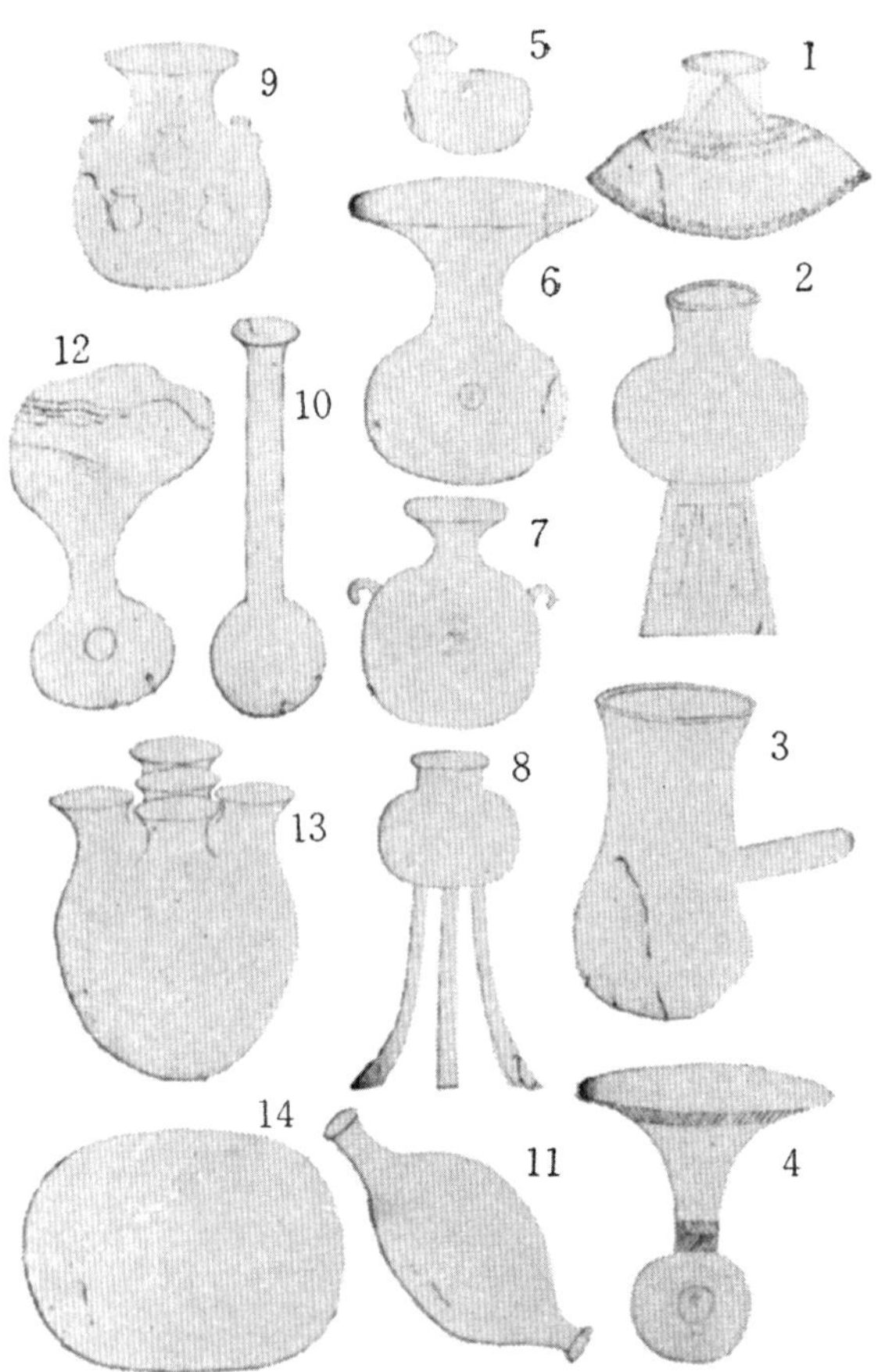

『曲玉問答』に記された祝部土器（須恵器）

1 羽州鳥海山ヨリ掘出。大サ図ヨリ少大ナリ。此壺甚異体。図ニ写シカタシ。石亭所蔵。

2 和州春日山ヨリ出ルト云。大サ図ヨリ二寸余高シ。

3 江州野洲郡桜生山ヨリ出。大サ如レ図。石亭珍蔵。

4 江州八幡東漸寺境内ヨリ出。大サ形状如レ図。石亭蔵。

5 江州鏡山星ケ峰ニテ穿出。内ニ曲玉二顆入。石亭所蔵。此形ニ大小数品アリ。小ナルヲ珍トス。口大ニヒラキタルアリ。竹ノ筒口ナルアリ。

6 此容ノ物多シ。大小数種アリ。至テ大ナルモノアリ。口ノ形種々アリ。竹ノ筒口アリ。下ニ穴アル有。穴ナキアリ。

7 鰐口形。裏ロク表ムツクリトシテ筋アリ。又筋ナキモアリ。上品下品アリ。口大にヒラキタルアリ。竹筒口アリ至テ大ナルアリ。小ナルアリ。小ナルヲ珍トス。此形ノ物多シ。

8 江州栗太郡金勝山岩窟中所出。大サ図ヨリ三寸斗大ナリ。

9 京都松原通川東瀬戸物屋ニアリ。主人云尾州之人携来ルト。大サ図ヨリ大ナリ。壺ノ巡リニ小壺十附。

10 城州御菩薩池鍛冶屋ケ谷ニテ掘出。湖東石亭蔵。後大聖寺候江献。大如レ図。

11 伊豆州田方郡平井邑柏谷邑上沢邑等ニテ堀出ス。壺七種ノ内ニアリ。色ハ代赫石の如シ。上下ニロアリ越後高田鈴木氏ヨリ図来。余ハ略ス。

12 越後頸城郡岡峰掘出。壺中金銀之作リ花ノ如クナルモノ有レ之。朽果形不ニ分明一。越後高田涜華井甘井蔵。

13 勢州神路山ヨリ穿出ス。一体五口之壺。浪華之人蔵。

14 江州犬上郡堀村畑中ヨリ穿出。大如レ図。形真丸少扁ニシテロナシ。堀村妙徳寺所持。此壺先年栗太郡野路ノ山ニテ穿出。同矢倉村願行寺蔵。

のあることもみとめられる。たとえば『奇石産誌』で、下総（茨城県千葉県）の中に日光金ヶ原の鏃石を入れるとともに、下野（栃木県）の中でも、同じものを収めている。また、但馬（兵庫県）の中で、桑田郡神守村の地名を入れているが、これも丹波（京都府）の中に重複している。これらも、大著の場合、往々にしておちいる誤りであろう。

遺跡にも関心をもつ

彼は遺跡にも関心をもった。すでに述べたように、神代石に関して、寺社の古跡や田畠から往々掘りだすこともあり、山中何の由緒もないところから見出されていることもあると述べていることも、出土地についての関心を示すものであろう。このような知見も、彼がみずから足でもって出土地をも歩いたことによって到達したものであった。「その岩窟穿鑿（せんさく）致したきものに御座候」と二木長嘯にあてていることも（寛政元年正月十一日）、恐らく、奇石の出土の情報を得たとき、みずから進んでこの岩窟を踏査したいという意欲を示したものであった。彼がみずから芋掘房の名を用いたことも、発掘に関心をもったことを知るものであろう。なお、芋掘

山芋と石剣

りと石器の出土に関して二木長嘯にあてた書状などは、興味あるものがある。すなわち、

先頃入ニ貴覧一候（図略す）石は、七年前薯蕷を掘迚、段々掘中候処、右の山芋と一所に、たてに成居候而、彼田父石の貪着は無レ之候処、芋を無難に掘度ゆへに、自然と右の石も疵なしに掘中候也。（寛政十二年四月）

というのである。この石は石剣らしいが、農夫が山芋を掘っていた

山芋と石剣らしい石器との伴出を記した書状の一部
（二木長右衛門氏蔵）

とき、偶然山芋と一緒にたてになって存していたのを見付けた。農夫は、石については無頓着であったが、山芋を傷つけずに無事に掘りだしたい一念で、丁重に掘った関係で、石剣もきずなく掘りあげることができたことを記している。芋掘房の名は別にこれに因(ちな)んだものでなく、もっと前からあったようであるが、とにかく、石剣の出土状態に触れた一例である。

現地を訪れぬ人を軽蔑

このように、彼は、みずから足をもって歩いた。したがって、弄石家の中で、現地を訪れぬ人に対しては、「其場へいまだ行かざる弄石家ども故」というような文で表現した。言外の軽蔑的な意味も察せられる(寛政六年十二月二四日二木長嘯あて書状)。

なお、彼の著書を見ると、たまたま今日の遺跡に触れているものもある。たとえば『雲根志』三編巻三奇怪類の中で、

伊賀国(三重県)山田郡鳳凰寺村に鳴塚という石穴あり。これも常に石中に松風の音すといふ。

古墳への関心

また、同じく巻五の鐫刻類の中で、既述のように、

江州羽田村龍王山といふ所に、鬼が窟といふ物夥しくあり、此岩屋の中より曲玉・神管石及び太刀の具とおぼしき物、時々出ると。

とある。これらは古墳の横穴式石室あるいは横穴を意味している。また『雲根志』後編巻一、光彩類には、

江府(江戸)田村先生の説に、肥後国(熊本県)菊池郡迫間といふ地に、武器石といふ大石あり。此石を破取時は、石片に画あり、尽く武器也。鎗・長刀・弓・鉄砲・刀・具足・甲冑等の画がごとし、予いまだ知らず、和漢ともに其類ある事聞及ばず。花紋石の類といへども大に異り。実に稀有の珍石といふべし。

と述べており、『奇石産誌』にも、肥後の項で、

武器石　菊池郡迫間にあり。石面に武器あり。

とある。熊本県の菊池川流域の横穴の壁面の彫刻を意味するものであろう。また、

同じく後編の巻三には、像形類として、筑後国上妻郡の南の方の大なる洞窟の中に石人のあることを紹介しているが、これも、古墳の石人である。また、二木長嘯あての手紙の中に、播州(兵庫県)の石の宝殿について記し、「此類の神代大石諸々にあり」と述べている(寛政四年五月二十四日)。石の宝殿は、今日兵庫県高砂市阿弥陀町に存して、考古学研究においても問題点の多いものであるが(これについては武藤誠氏の「石宝殿―生石神社」が『兵庫県史蹟名勝天然紀念物調査報告』第九輯昭和七年に掲載されている)、これを神代大石といっているのも興味がある。その他、『奇石産誌』の中に、「淡路」の項で、「牡蠣殻　三原郡飯山寺の山嶺大石上に夥し」とあることも、たまたま貝塚に触れた一文であろう。

石の宝殿を紹介する

これらの遺跡関係の記事の中で、彼がみずから踏査しないものについては、伝聞などによっており、必ずしも正しい表現とはいわれないものもあるが、とにかく、遺物中心の彼が、遺跡にも触れている点で注意すべきである。

盗掘の機運をもたらす

なお、石亭の奇石蒐集熱に影響されて、各地に弄石の士が多くなるにともなって、古墳などの盗掘も行なわれた。「江州(滋賀県)石部の宿末石翁、近山松樹の下を掘て糸巻のごとき石を数百箇得たり」(『雲根志』後編巻四)なども、弄石家が自分でも掘りだしたことを示すものであろう。

さて、考古学関係のことばかり述べたので、話題をかえて鉱物学的な面について触れよう。

鉱物への知見

彼が、異常な努力でまとめあげた『奇石産誌』は、むしろ鉱物関係にも多くの資料を紹介した。そして、当時としては全国的に広い範囲にわたった。たとえば水晶については、信濃(長野県)福島の水晶山の駒ヶ岳前峯は、昔から水晶の産出地で著名で、『木曽路名所図会(ずえ)』などにも記されているが、彼はこれを忘れることなく掲げた。卵石(たまごいし)といわれるものも、紀伊(和歌山県)の玉浦産のものが有名で、『紀伊続風土記』物産の項にも記されている。『奇石産誌』にもまた「玉ノ浦等同物なり」として載せている。方解石に関しても、常陸(茨城県)の那珂郡鳥子村から出土する例につき、『新編常陸風土記』土産の項に紹介されているが、『奇石産誌』もまたこれを看過していない。

なお、明治十二年に、武藤寿という人が『金石学』の付録として、「日本金石産地」を掲げている。博物館蔵版で、田中芳男・和田維四郎校閲とある。これによると、紫水晶は、近江・下野・陸前・越後・伯耆から出土することを記しているが、石亭は陸奥・佐渡・但馬・石見の四例をあげている。方解石は、伊勢・遠江・美濃・信濃・越中・伊予・豊後・肥後の例をあげているが、『奇石産誌』では、常陸・美濃・飛騨・佐渡・但馬・備前・備中・伊予・土佐・豊後・薩摩・対馬の諸例をあげ、むしろ石亭の引用例の方が多い。

一個人で各地の鉱物を広く集成する

今日から見ると、たとえ疎漏なそしりを免がれないとしても、とにかく江戸時代に一個人の力でこれだけの集成をなしたことは、高く評価してよい。また、彼は『奇石産誌』の中で、随所にその知見をのべている。越後の雪化石については、

「石亭考ふるに鐘乳なり」、焼団子石といわれるものについては、「当国七不思議の内。石亭云桔梗貝也」、常陸の血玉については、「里人神軍の血と云。石亭考ふるに、雄黄なり」という工合である。

4　彼の研究は後世どんな影響をあたえたか

彼は、当時として学問的にもすぐれた見解をもち、業績もあり、全国の弄石の仲間に大きい影響をあたえた。では、後世、果たして学問の世界にどんな影響を及ぼしたろうか。彼の業績を知る場合には、このような後世の影響をもあわせ考えることによって、はじめて理解されるものがあろう。

明治初年の『石品産所考』

彼の著述は、明治初年の学界には、ある程度はその基礎をなした。たとえば、明治六年に津枝氏蔵版として刊行された『石品産所考』という著書がある。これは国別に鉱石や考古学上の資料などを分類し、その産地を記したものであるが、石亭の著書であった『奇石産誌』とほとんどかわりないものであり、『奇石産誌』

をもととして、多少の手を加えたものであった。しかし、考古学関係では、彼の業績は没却されていた。

石亭の業績は無視

また、明治十二年に、博物叢書として内務省博物局から刊行されたものに黒川真頼(まより)の『上代石器考』がある。これは石鏃・石斧・石劔・石鑿等について説明したもので、古典の上から考証するところが多く、江戸時代の学問の系統から脱することができなかったが、石鏃の考証では、石亭の『雲根志』後編巻四に記したものを引用していることをはじめ、二-三石亭の掲げた示例をも含めている。しかし、石亭の資料は引用されているが、不幸にして石亭には何らの評価をも与えられなかった。また、明治十七年に、神田孝平は英文で『日本太古石器考』を発表し、日本の石器を広く紹介した。この書の終りには、簡単に学史的なことにも触れているが、石亭は、単に太古石器の聚蔵家として、大坂の蒹葭堂、大和の普賢院、飛驒の長嘯亭らとともに、その名を列ねられたに過ぎず、この学的業績は全くかえりみられなかった。

このように、明治初年の考古学界において、彼についての評価がなかったことは、むしろ当時の一般的な学的風潮として欧米の学問のみを謳歌し、江戸時代の先学者の業績が、その影におおいかくされたためでもあった。

しかし、石亭が、後世にもいくつかの業績を残したことは否むことはできない。ことに著書をのぞいては、彼が、その業績を後世にのこすべく意識しないものに、むしろ、その業績がのこされたのである。私は、そこに一つの意義をもとめたい。

名辞の踏襲

その業績の一は、名辞がそのまま踏襲されたことであった。たとえば、車輪石や鍬形石のような名は、たとえ石亭自身の命名ではなかったとしても、石亭が中心となって当時これを確立したことは明らかであるが、今日もなおこの名がそのまま用いられてきているのである。その二は、地名表的なものの貢献であった。東京大学理学部人類学教室の『石器時代地名表』は、明治三十年にその初版が刊行され

シーボルトの『日本』に引用される

間接に日本の石器時代を世界に紹介

たが、『雲根志』記載のものも引用された。そして、地名表が二版（明治三十一年）・三版（同三十四年）・四版（大正六年）と版を重ねても、これをそのまま伝えた。しかも最も重要なことは、シーボルトの著書に石亭の業績が引用されたことであった。すなわち、シーボルトは天保から嘉永の頃『日本』を著わした。これは、日本の自然及び文物に関する綜合的研究であったが、中に、石器及び勾玉に関する事項も紹介されている。これらの考古学関係の事項は、シーボルトの弟子であった伊藤圭介が蘭文で記して提供したものにもとづくものであり、ことに勾玉に関しては、「勾玉考」としてまとめている。圭介の執筆したこれらの論稿は、石亭の『雲根志』や、『曲玉問答』を参考にしたものであった。石亭の名は不幸にして『日本』においては記されていないが、その業績は、この大著に示され、日本の石器や勾玉を広く世界に知らせ、日本の石器時代を紹介することに役立ったのであった。すなわち、石亭は、伊藤圭介とシーボルトとを得て、その学問を美事に結実したのであった。

おわりに

木内石亭は、みずから「石よりほかに楽（たのしみ）なし」といっているように、その生涯を通じ、ひたむきに石をあつめ、石を愛し、石を知った。もとより、これは彼の趣味を生かしたものであった。しかし、趣味の世界に没入するとともに、その域から脱して学問とむすびつけたことは、彼にとって幸いであり、そこには新たな境地も開かれた。

彼が、心血をそそいであつめた石の一つ一つは、八十五歳というながい人生をつづるものであった。彼は、「死後、心に残るは石なり」として、大きい心残りをもって生涯を終えたが、その予感の通り、その後のながい年月のきびしい世相は、木内家の家運もかたむけさせ、あつめた石も散逸させてしまった。彼の旧宅も、

石よりほかに楽なし

昔日の面影のない旧宅

その位置はほぼわかるが、昔日（せきじつ）の面影はない。

昭和三十六年五月のある日の早朝、私はその旧宅の地を訪れた。東海道本線草津駅で下車すれば、琵琶湖畔の北山田の集落まではバスが通っている。バスを終点でおり、湖畔の方に町並みの道路をまっすぐに歩くと、やがて広袤（こうぼう）とした静かな水面が見られる。入江のようになっているところでは、いくつかの舟もとまっており、早朝だというのに、人々は網をほしたり、洗濯していたり、いそがしそうに働いていた。道路が終るところ、湖水に対して右の角に一つの邸があり、隅には古い松が立っていた。ここが、石亭の旧宅の一部であったのである。建物は幾度かかわり、現存のものもかなり荒れており、門もこわれている。そのそばに、かつて滋賀県で立てた史蹟木内石亭邸跡を示すの石標が残されているが、叢生する木の葉におおわれてしまっている。庭の一隅には、鎮守金刀比羅神社の小祠がまつられ、一本の古松とともに、古い邸宅の面影をしのばせている。当時の邸宅はこの一角を抱擁して、もっと広大なものであったが、すでに民家がほとんど所狭く立てられていた。この一隅から湖畔は指呼の間にある。湖水を利用して、大きい奇石などを運んだ光景も彷彿たるものがあった。

世のはげしい流転の荒波の中に、石亭が辛苦してあつめた石などは、泡沫(ほうまつ)の如くに消え去った。しかし、彼が、石を通じてなしとげた学問的な業績は、石亭の名とともに、ながく伝わることであろう。明治以来、欧米の学問の刺激によって、日本の学問も科学的な軌道にのって進んだ。考古学もその一つである。しかし、明治年間の学者の多くは、欧米の学風に強く影響され、江戸時代の先学者の業績を静かに省みることはなかった。大正から昭和になると、その反省も行なわれた。

三宅米吉博士の紹介

そして大正六年には、三宅米吉博士は「日本考古学発達の概略」の論稿の中で、享保以後の考古学の進歩に触れ、

此の時代には古物の蒐集調査が大に進みまして、木内石亭の雲根志や石鏃考

や、谷川士清の勾玉考などが出来ました。雲根志に採用せられた石器の名称を、今も吾人がなほ使用して居るのが少くありませぬ。

として、木内石亭を紹介した（『考古学雑誌』第七巻第十二号）。また、大正七年に考古学会で編集した『十二考古家資料写真帖』の第一集には、石亭が紹介された。しかし未だ石亭を十分に知ったとはいわれない。彼の真価をみとめた学者としては、故中谷治宇二郎氏や、故清野謙次博士、及び長谷部言人博士をあげるべきであって、ことに、中谷氏は、その専攻とする先史学の立場から、石亭を研究し、彼の学問的業績をみとめた。長谷部博士もまた、ながい間、石亭にとりくみ、石亭をもって、「日本先史学の始祖として推奨せらるべき功績を樹てた」としてその業績を賞揚した（「神代石」『考古学雑誌』第三十巻第十号）。いずれも、石亭にとって、よき同情者であり、よき理解者であった。

日本先史学の始祖

私どもは、すでに江戸時代に、石器や石製品を通じて、その資料をよく整理し分類し、地名表的な基本的な仕事をなすとともに、科学的な学問のひらめきとすぐれた感受性とをもった石亭のような人物のあったことを知らねばならない。趣味に生きながらも、ひたすらにその趣味をつらぬき、そして学問的な研究の意欲にも到達した石亭の人間像には、一つの目的に向って倦(う)むことなく進んだ精神力と、たくましい情熱とがみちあふれていることを見なければならない。

日本における先史考古学の研究に先鞭をつけた江戸時代の考古学者の一人として、石亭を評価することに私も躊躇(ちゅうちょ)しない。彼の墓碑の文の一句をもって結びとしよう。

嗚呼(ああ)人の、その業における、君の石における如くんば、何ぞ成らざるを憂へん。

木内家略系図

（この製作には中川泉三編『木内石亭全集』を参照するところが多かった）

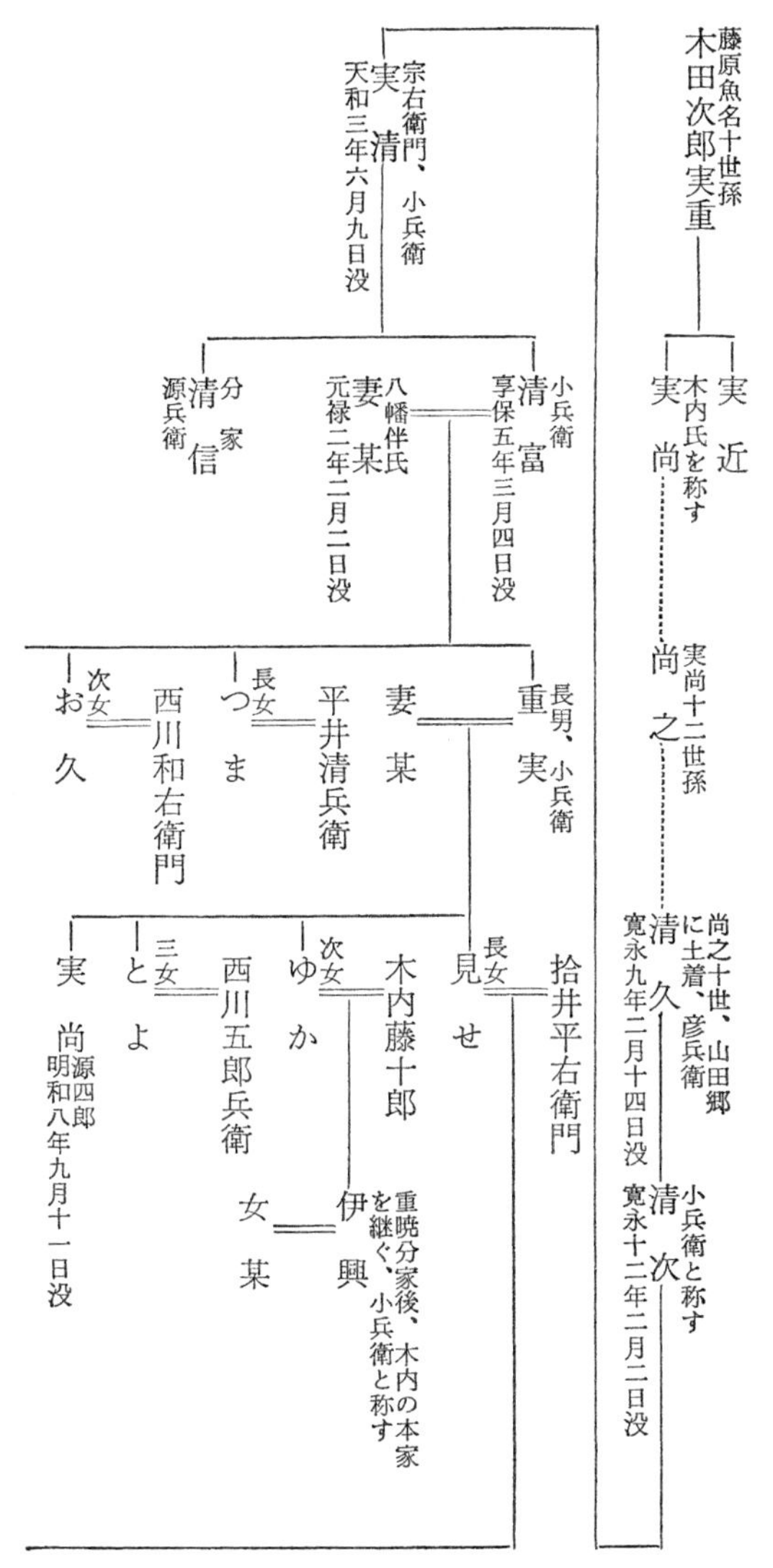

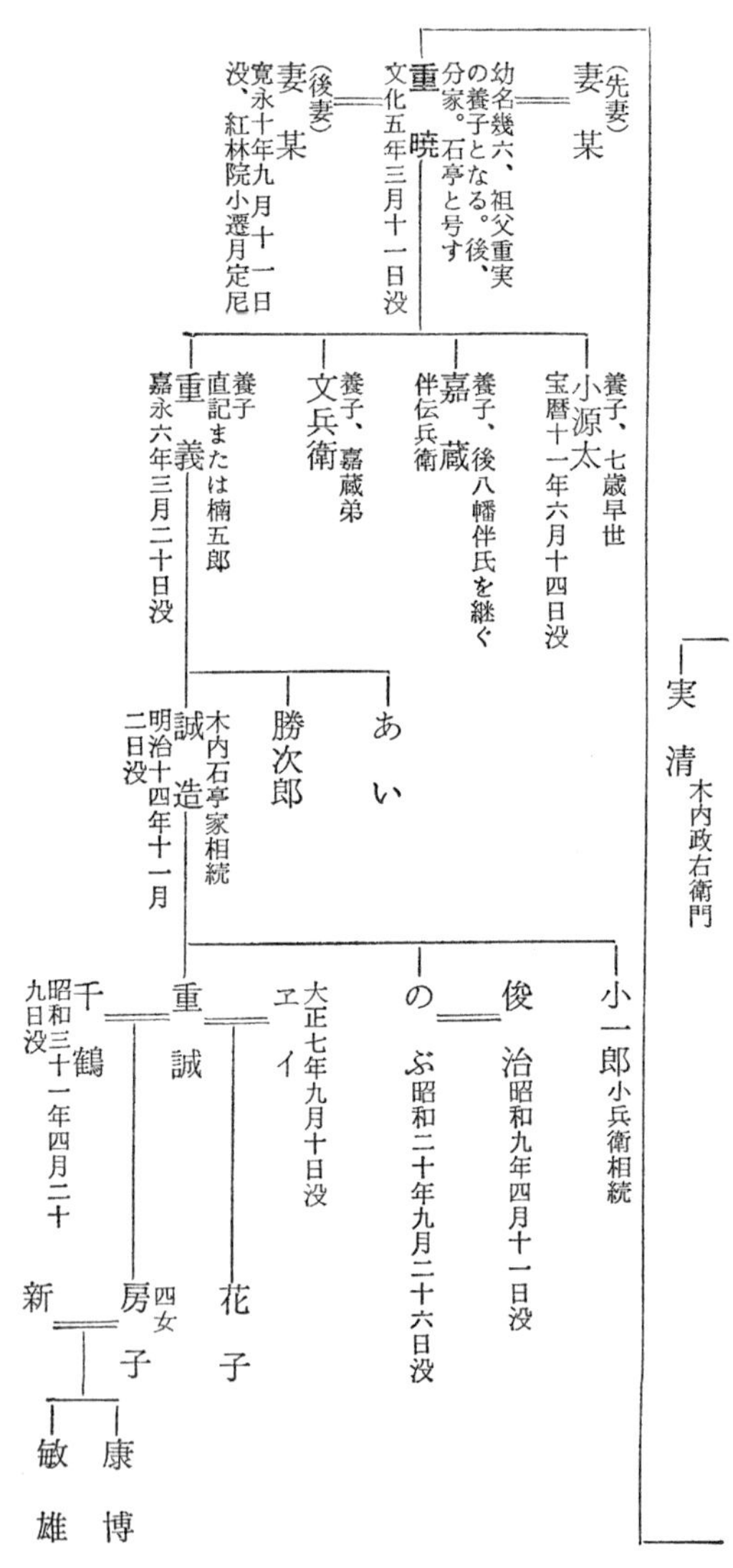
実清 木内政右衛門
(先妻)妻某
幼名幾六、祖父重実の養子となる。後、分家。石亭と号す
重暁 文化五年三月十一日没
(後妻)妻某 寛永十年九月十一日没、紅林院小遷月定尼
小源太 養子、七歳早世 宝暦十一年六月十四日没
嘉蔵 養子、後八幡伴氏を継ぐ 伴伝兵衛
文兵衛 養子、嘉蔵弟
重義 養子 直記または楠五郎 嘉永六年三月二十日没
あい
勝次郎
誠造 木内石亭家相続 明治十四年十一月二日没
小一郎 小兵衛相続
俊治 昭和九年四月十一日没
のぶ 昭和二十年九月二十六日没
ヱイ 大正七年九月十日没
重誠
千鶴 昭和三十一年四月二十九日没
花子
房子 四女
新
康博
敏雄

略年譜

年次	西暦	年齢	事歴	参考事項
享保九	一七二四	一	木内石亭生る	
一〇	一七二五	二		新井白石没す（六九歳）
一三	一七二八	五		小野蘭山生る○荻生徂徠没す（六三歳）
一五	一七三〇	七		本居宣長生る
一九	一七三四	一一	この年より初めて奇石を愛す	細井広沢没す（七八歳）
二〇	一七三五	一二		伊藤東涯没す（六七歳）○木村蒹葭堂生る
元文元	一七三六	一三		
寛保三	一七四三	二〇	すでに木内重実の養子となり、この年分家する	菊岡米山『諸国里人語』を刊行○大和普賢院泰然生る○越後鈴木一保生る
延享二	一七四五	二二	四月二八日、養父木内重実七四歳で死亡す	
寛延元	一七四八	二五		木村蒹葭堂一三歳にして津島恒之

年号	西暦	年齢	事蹟	参考事項
寛延 三	一七五〇	二七	三月五日、京都南禅寺畔なる小島代右衛門にみちびかれ、珠光院の茶人野本道玄を訪い茶談を聞き、二五日その門に入る	進の門に入り本草を学ぶ
宝暦 元	一七五一	二八	九月、大坂に行き、物産学者津島恒之進に学ぶ	津島恒之進物産会を大坂に催す
二	一七五二	二九	近江桐生山の奥にゆく	
四	一七五四	三一		菅江真澄三河に生る○津島恒之進大坂の客舎に没す
五	一七五五	三二		二木長兵衛(長右衛門・長嘯)生る
七	一七五七	三四	九月、摂津有馬に一ヵ月滞留する	田村元雄湯島に物産会を催す
八	一七五八	三五	三月、紀州日高郡地方を探る○五月、近江犬上郡佐目村鐘孔洞に入る	屋代弘賢生る
九	一七五九	三六	三月、伊勢を経て熊野に入る	平賀源内、湯島に物産会を催す
一〇	一七六〇	三七	五月、石部の服部氏と金山洞窟に入る	
一一	一七六一	三八	三月一七日、近江甲賀郡黒川村にゆく○六月一四日、養子小源太没す○八月、京都を経て丹波山にゆく	戸田旭山大坂に物産会を開く
一二	一七六二	三九	九月、伊吹山麓を経て越前敦賀にゆく○この年、山城山科郷牛尾山に登る	平賀源内湯島に物産会を催す

年号	西暦	年齢	事項	参考事項
一三	一七六三	四〇	正月一五日、播磨高砂に三浦氏を訪う○三月二一日、実母見せ没す○四月、播磨神埼郡北村地方を探る○九月、近江浅井郡より再び越前敦賀にゆく○この頃まで足跡を印すること三十数国、採集した奇石二千余種に達す	鑑古堂不磷斎京都東山に物産会を催す○西遊寺鳳嶺生る
明和 元	一七六四	四一	二月より四月にわたり美濃にゆく○五月二三日、大坂物産会に出席す○六月二日、近江田上山に登る	五月、戸田旭山大坂に物産会を催す
二	一七六五	四二	三月一五日、山城相楽郡鷲峯山に登る○八月一五日、京都東山物産会に出席す	八月、京都東山に物産会開かる
三	一七六六	四三	四月五日、伊勢の津に同志を訪う○四月一五日、京都東山物産会に出席す○五月一八日、同じく東山の物産会に出席す	四月・五月、京都東山に物産会開かる
四	一七六七	四四	三月、美濃御嶽月吉山方面を探る	滝沢馬琴生る
六	一七六九	四六	九月、山城鞍馬山に登る	青木昆陽没す（七二歳）○賀茂真淵没す（七三歳）○佐藤信淵生る
八	一七七一	四八	近江田上谷羽栗山を探る	
安永 元	一七七二	四九	三月、京都法泉寺を訪う○一〇月中旬、『雲根志』初編稿成る	頼山陽生る

安永 二	一七七三	五〇	『雲根志』前編刊行される○四月、能登付近探勝○五月、美濃金生山を探る	服部末石亭（交友の一人）没す（六八歳）
三	一七七四	五一	彦根藩儒野村公台石亭を訪う	谷川士清『勾玉考』『石剣頭考』を上梓す
四	一七七五	五二	八月二八日、大坂に遊び木村蒹葭堂を訪う	狩谷棭斎生る
五	一七七六	五三		谷川士清没す（七〇歳）○平田篤胤生る
七	一七七八	五五	三月、江戸に遊ぶ	
八	一七七九	五六	『雲根志』後編上梓される○四月三日、志摩安乗浦に遊ぶ	平賀源内没す（五一歳）
九	一七八〇	五七	三月、相模鎌倉に遊ぶ○六月、木曽街道を経て帰宅す	
天明 元	一七八一	五八		藤貞幹『衝口発』を著わす
三	一七八三	六〇	『曲玉問答』を著わす○病重く遺言状をしたためたが平癒す	
四	一七八四	六一		伊勢貞丈没す（六八歳）
八	一七八八	六五	この頃より、交友飛驒の二木長嘯との文信頻繁となる○この頃、『百石図巻』成る○一一月一六日、伊勢にゆく	

年号	西暦	年齢	事項	関連事項
寛政元	一七八九	六六		この頃、藤貞幹の『集古図』まとまる
二	一七九〇	六七		福島屋滄洲没す（七三歳）
四	一七九二	六九	『舎利辨』を著わす（一一月一四日序）	屋代弘賢京畿地方を巡廻す
五	一七九三	七〇	一二月一日、古稀の祝宴を開く	会津藩士田邨三省『会津石譜』を著わす
六	一七九四	七一	春、諸国の交友より七〇歳の賀詞を受ける○『著述書目』をあらわす○『竜骨記』（八月一二日序）と『鏃石伝記』（九月二三日序）とを著わす	
七	一七九五	七二		藤貞幹『好古小録』を著わす
八	一七九六	七三	正月、『天狗爪石奇談』を著わす	
九	一七九七	七四	一〇月七・八日、京都の人源光忠近江石山寺畔秋月館に奇石会を催し、石亭老境に入り中絶したものを再興す	藤貞幹『好古日録』を著わす○『東海道名所図会』刊行される。石亭に関する記事あり○松平定信の『集古十種』成る○藤貞幹没す（六六歳）
一〇	一七九八	七五	九月一一日、妻を失う	
一二	一八〇〇	七七	三月、石亭寺畔に石亭登遊紀念碑建てられる○同月二	普賢院泰然没す（六一歳）

享和	元	一八〇一	七八	七日、飛騨高山の人大坂治助・森桃林、石亭を訪れ奇石を見る	本居宣長没す（七二歳）
	二	一八〇二	七九	『雲根志』三編を著わす	木村蒹葭堂没す（六七歳）
	三	一八〇三	八〇		伊藤圭介生る
文化	二	一八〇五	八二	八月、生地の氏神坂本村幸神社に石燈籠を寄進す	
	四	一八〇七	八四		柴野栗山没す（七四歳）
	五	一八〇八	八五	三月一一日没す	

主要参考文献

中川泉三編『石之長者木内石亭全集』　下郷共済会発行　昭和一一年
長谷部言人「神代石」(『考古学雑誌』三〇ノ一〇)　昭和一五年
同「木内石亭と鈴木甘井」(『民族文化』六)　昭和一五年
同「福島滄洲と二木長嘯亭」(『ひだびと』八ノ三)　昭和一五年
島田貞彦「雲根志と木内石亭」(『滋賀県史蹟調査報告』第一冊)　昭和三年
『近江栗太郡志』巻三人物志　大正一五年
中谷治宇二郎『日本先史学序史』　昭和一〇年
清野謙次『日本考古学・人類学史上』　昭和二九年
考古学会『十二考古家資料写真帖』第一集　大正七年

著者略歴

明治四十一年生れ
昭和七年東京帝国大学文学部国史学科卒業
文化財保護委員会主任調査官、東京大学教授、
大正大学教授等を経て
現在 大正大学名誉教授、静岡県埋蔵文化財調査研究所所長、飛鳥保存財団理事、文学博士

主要著書
日本古墳の研究 日本古代遺跡の研究(全四冊)
新羅文化論攷 日本考古学史 日本考古学史資料集成 日本考古学概論 日本考古学史辞典

人物叢書 新装版

木内石亭

昭和三十七年 十 月二十五日 第一版第一刷発行
平成 元 年 八 月 一 日 新装版第一刷発行

著 者 斎藤忠(さいとうただし)
編集者 日本歴史学会
代表者 児玉幸多
発行者 吉川圭三
発行所 株式会社 吉川弘文館
東京都文京区本郷七丁目二番八号
郵便番号一一三
電話〇三―八一三―九一五一〈代表〉
振替口座東京〇―二四四
印刷＝平文社 製本＝ナショナル製本

『人物叢書』（新装版）刊行のことば

人物叢書は、個人が埋没された歴史書が盛行した時代に、「歴史を動かすものは人間である。個人の伝記が明らかにされないで、歴史の叙述は完全であり得ない」という信念のもとに、専門学者に執筆を依頼し、日本歴史学会が編集し、吉川弘文館が刊行した一大伝記集である。

幸いに読書界の支持を得て、百冊刊行の折には菊池寛賞を授けられる栄誉に浴した。

しかし発行以来すでに四半世紀を経過し、長期品切れ本が増加し、読書界の要望にそい得ない状態にもなったので、この際既刊本の体裁を一新して再編成し、定期的に配本できるような方策をとることにした。既刊本は一八四冊であるが、まだ未刊である重要人物の伝記についても鋭意刊行を進める方針であり、その体裁も新形式をとることとした。

こうして刊行当初の精神に思いを致し、人物叢書を蘇らせようとするのが、今回の企図である。大方のご支援を得ることができれば幸せである。

昭和六十年五月

日本歴史学会

代表者　坂本太郎

〈オンデマンド版〉
木内石亭

人物叢書　新装版

2020年（令和2）11月1日　発行

著　者　斎藤　忠

編集者　日本歴史学会
代表者　藤田　覚

発行者　吉川道郎

発行所　株式会社　吉川弘文館
〒113-0033　東京都文京区本郷7丁目2番8号
TEL　03-3813-9151〈代表〉
URL　http://www.yoshikawa-k.co.jp/

印刷・製本　大日本印刷株式会社

斎藤　忠（1908～2013）

ISBN978-4-642-75168-1